Impressum
Verlag: BABADADA GmbH, Nedderfeld 112 , 22529 Hamburg
Geschäftsführer / Verlagsleitung: Harald Hof
Druck: Books on Demand GmbH, In de Tarpen 42, 22848 Norderstedt

Imprint
Publisher: BABADADA GmbH, Nedderfeld 112 , 22529 Hamburg, Germany
Managing Director / Publishing direction: Harald Hof
Print: Books on Demand GmbH, In de Tarpen 42, 22848 Norderstedt

ikigo c' amashure

l'école

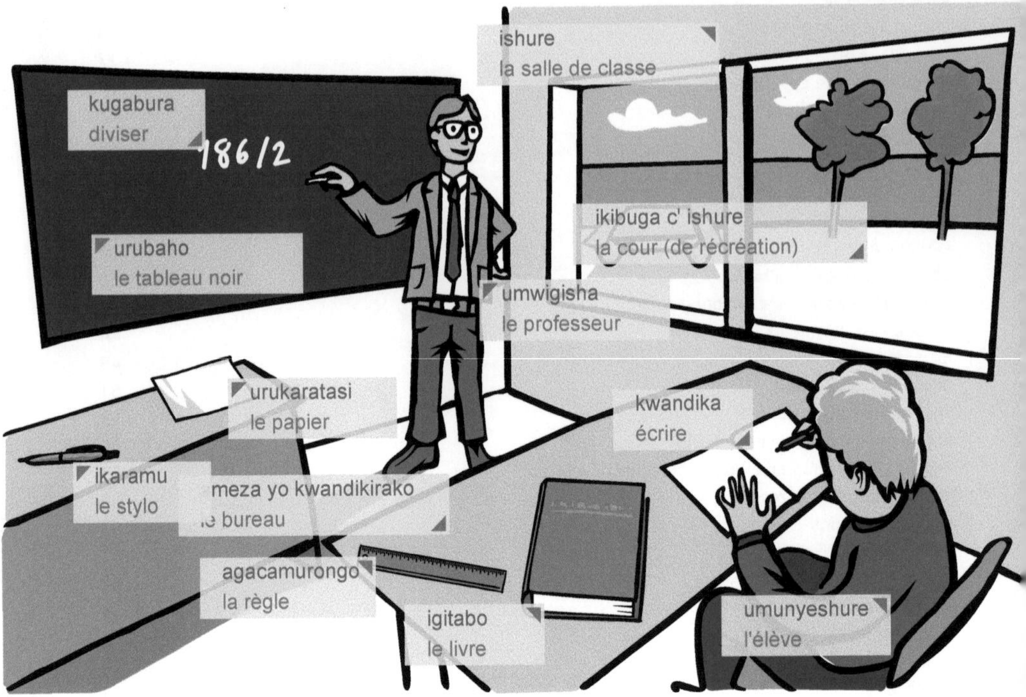

ishure
la salle de classe
kugabura
diviser
186/2
urubaho
le tableau noir
ikibuga c' ishure
la cour (de récréation)
umwigisha
le professeur
urukaratasi
le papier
kwandika
écrire
ikaramu
le stylo
meza yo kwandikirako
bureau
agacamurongo
la règle
igitabo
le livre
umunyeshure
l'élève

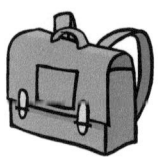

isakoshi y'' ishure

le cartable

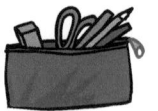

agasaho k' amakaramu

la trousse

ikaramu y igiti

le crayon

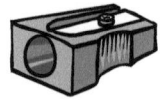

agasongozo k ikaramu y igiti

le taille-crayon

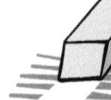

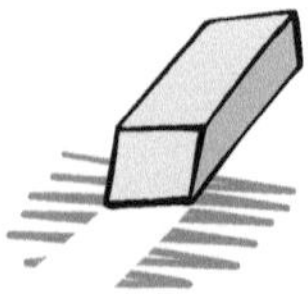

igome

la gomme

ikaye yo gucapamwo

le carnet à dessin

igicapo

le dessin

ikaramu bacapisha irangi

le pinceau

agasandugu kamabara

la boîte de peinture

imikasi

les ciseaux

kore

la colle

ikaye y' imyimenyerezo

le cahier d'exercices

imyimenyerezo yo muhıra

les devoirs

igiharuro

le chiffre

guteranya

additionner

gukuramwo

soustraire

kugwiza

multiplier

guharura

calculer

urudome

la lettre

indome

l'alphabet

ijambo

le mot

igisomwa

le texte

gusoma

lire

ingwa

la craie

icigwa

la leçon

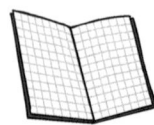

igitabo c' ishure

le livre de classe

ikibazo

l'examen

impamyabushobozi

le certificat

impuzu y' ishure

l'uniforme scolaire

kwiga

la formation

kazinduzi

le lexique

kaminuza

l'université

mikorosikopi

le microscope

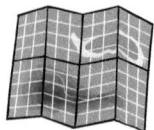

ikarata

la carte

agaseke bajugunyamo
amakaratasi

la corbeille à papier

urugendo
le voyage

ihoteli
l'hôtel
Grand
ihoteli ntoya
l'auberge
ROOMS
ku bavunjayi
le bureau de change
CHANGE
isandugu
la valise
umuduga
la voiture

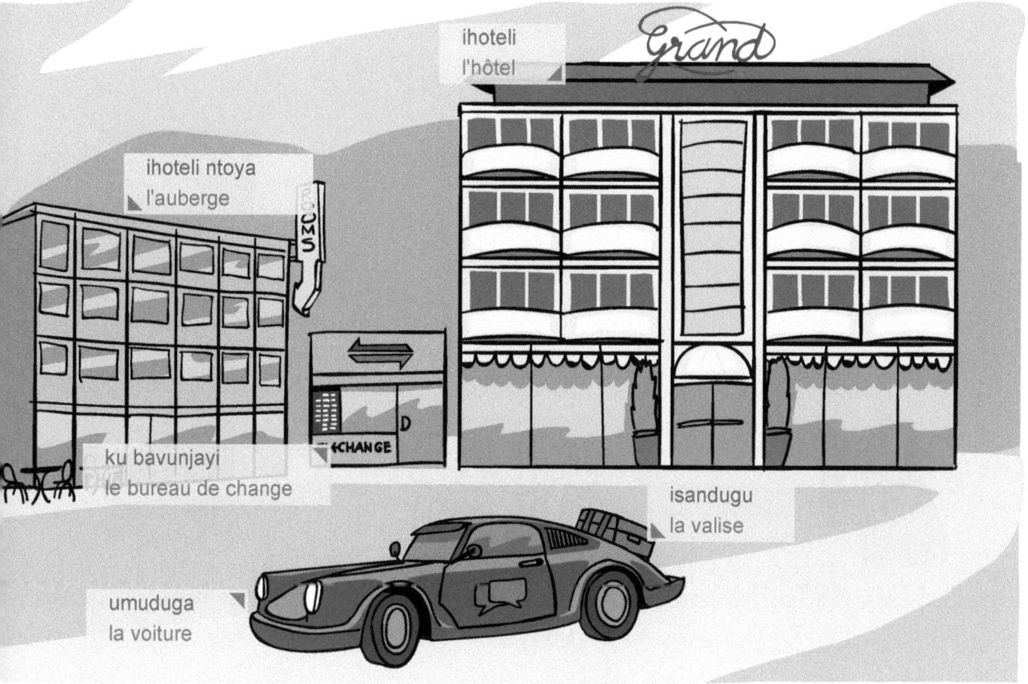

ururimi

la langue

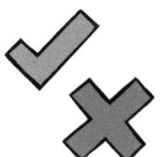

ego / oya

oui / non

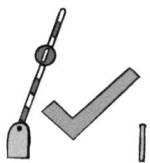

ego

d'accord

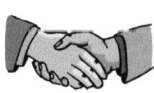

amahoro!

Salut

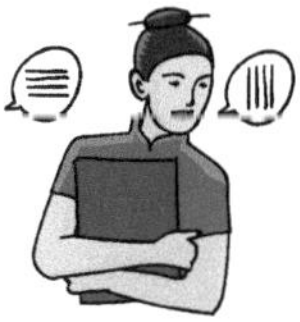

umuntu asigura

l'interprète

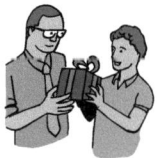

ndashimye

merci

ni angahe?

Combien coûte...?

sindabitahura

Je ne comprends pas

ingorane

le problème

mwiriwe!

Bonsoir !

mwaramutse

Bonjour !

ijoro ryiza!

Bonne nuit !

nakagaruka

Au revoir

inzira

la direction

imizigo

les bagages

igapo

le sac

isaho baheka mu mugongo

le sac-à-dos

umushitsi

l'hôte

icumba

la pièce

umufuko wo kuraramo mu rugendo

le sac de couchage

ihema

la tente

kumenyesha ingenzi

l'office de tourisme

ku musenyi

la plage

ikarata y' amahera

la carte de crédit

ifunguro rya mugatondo

le petit-déjeuner

ifunguro ryo ku murango

le déjeuner

ifunguro ry 'ijoro

le dîner

ıtıke

le billet

ingazi y' umuyagankuba

l'ascenseur

umukono

le timbre

umupaka

la frontière

duwane

la douane

ubuserukizi bw' igihugu

l'ambassade

viza

le visa

pasiporo

le passeport

gutwara abantu n' ibintu

le transport

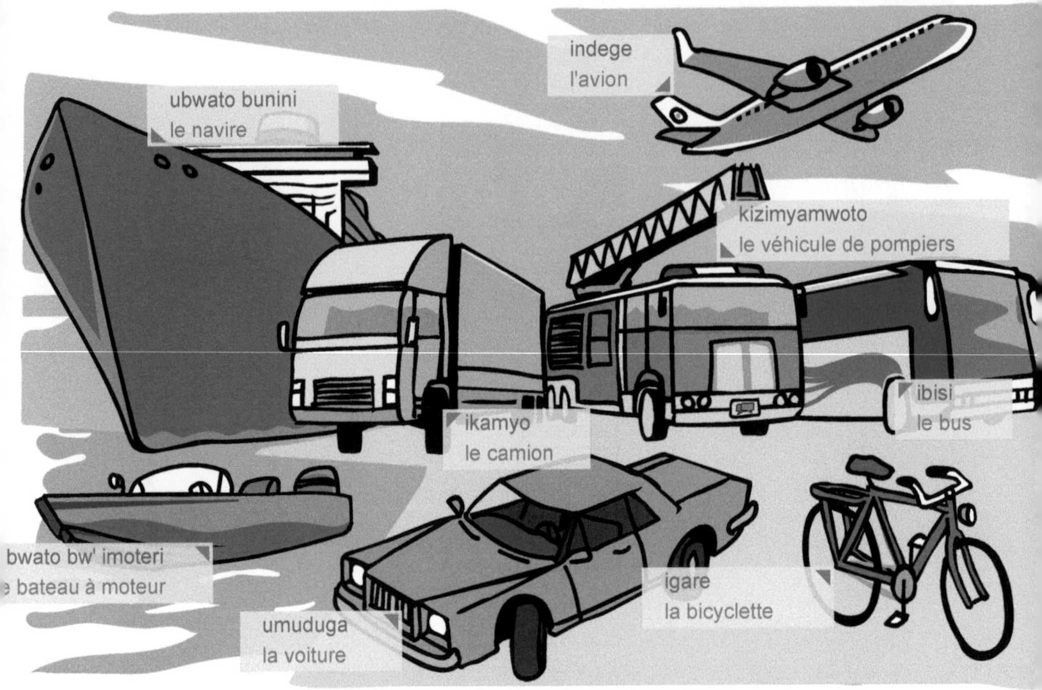

indege
l'avion
ubwato bunini
le navire
kizimyamwoto
le véhicule de pompiers
ibisi
le bus
ikamyo
le camion
bwato bw' imoteri
e bateau à moteur
igare
la bicyclette
umuduga
la voiture

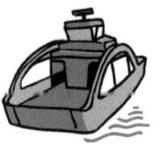

ubwato bunini

le ferry

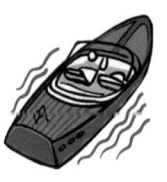

ubwato

la barque

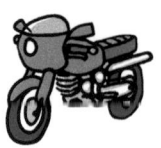

ipikipiki

la moto

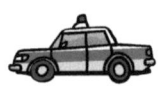

umuduga w' igipolisi

la voiture de police

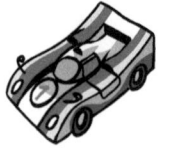

umuduga wa kuruse

la voiture de course

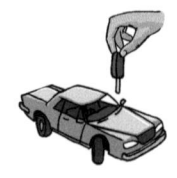

umuduga bakodesha

la voiture de location

gukoresha imodoka imwe muri benshi

l'auto-partage

uruduga ruheka izindi

la voiture de remorquage

umuduga utwara umucafu

la benne à ordures

imoteri

le moteur

igitoro

l'essence

ubunywero bw'ibitoro

la station d'essence

ɔirango vyo ku mabarabara

le panneau indicateur

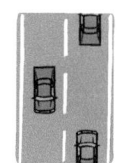

uruja n' uruza

le trafic

akajagari k' imiduga mw' ibarabara

l'embouteillage

igituro c' imiduga

le parking

igituro ca gari ya moshi

la gare

ibarabara rya gari ya moshi

les rails

gari ya moshi

le train

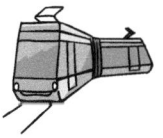

gari ya moshi bita tram

le tramway

igipande ca gari ya moshi

le wagon

kajugujugu

l'hélicoptère

ikibuga c' indege

l'aéroport

umunara

la tour

ingenzi

le passager

konteneri

le conteneur

ikarato

le carton

isharete

le chariot

icibo

la corbeille

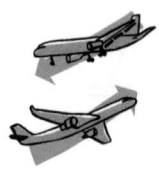

kuguruka / kugwa

décoller / atterrir

igisagara

la ville

umutumba

le village

hagati mu gisagara

le centre-ville

inzu

la maison

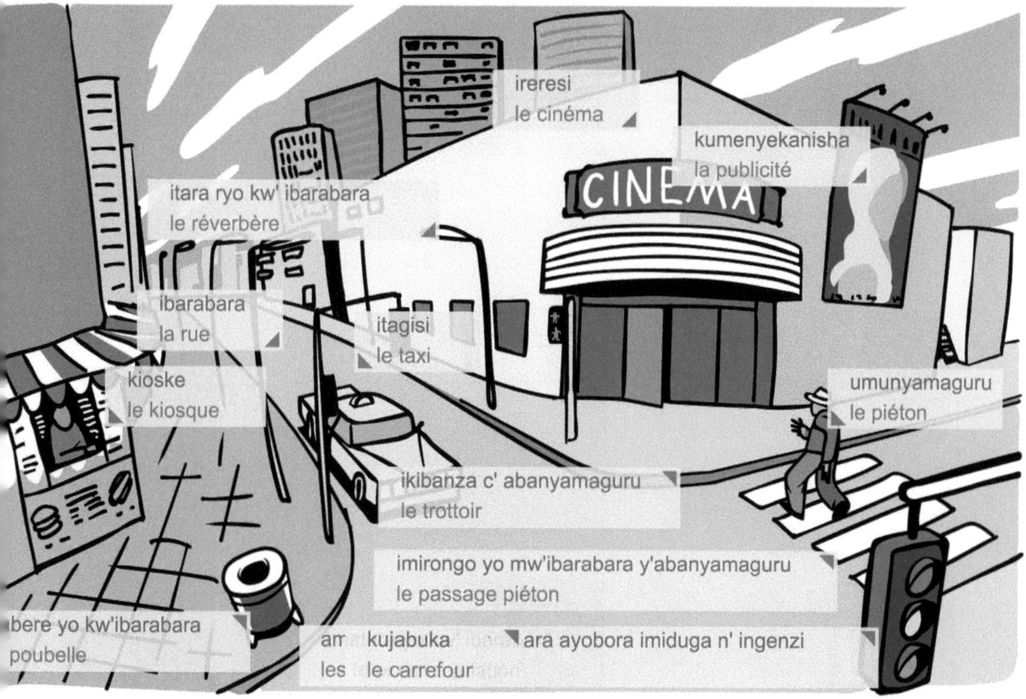

ireresi
le cinéma

kumenyekanisha
la publicité

itara ryo kw' ibarabara
le réverbère

CINEMA

ibarabara
la rue

itagisi
le taxi

kioske
le kiosque

umunyamaguru
le piéton

ikibanza c' abanyamaguru
le trottoir

imirongo yo mw'ibarabara y'abanyamaguru
le passage piéton

bere yo kw'ibarabara
poubelle

am kujabuka ara ayobora imiduga n' ingenzi
les le carrefour

akazu k' ikirundi

la cabane

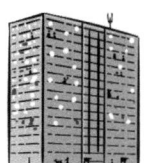

aparitema

l'appartement

igituro ca gari ya moshi

la gare

meri

la mairie

iratiro ry' ivyakera

le musée

ikigo c' amashure

l'école

kaminuza

l'université

ibanki

la banque

ibitaro

l'hôpital

ihoteli

l'hôtel

farumasi

la pharmacie

ibiro

le bureau

aho badandaza ibitabo

la librairie

akaduka

le magasin

umudandaza w'amashugwe

le fleuriste

supermarshe

le supermarché

isoko

le marché

iduka

le grand magasin

umudandaza w' amafi

la poissonnerie

ihuriro ry'amaduka

le centre commercial

ikivuko

le port

ikibanza batemberamwo

le parc

intebe ndende

la banque

ikiraro

le pont

ingazi

les escaliers

gari ya moshi bita métro

le métro

ibarara ry' indani y' isi

le tunnel

igituro c' amabisi

l'arrêt de bus

ubunywero

le bar

resitora

le restaurant

ahaja amakete

la boîte à lettres

ikirango co kw' ibarabara

le panneau indicateur

isaha yo ku gituro c' imiduga

le parcmètre

iratiro ry' ibikoko

le zoo

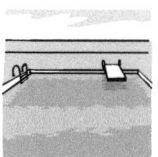

pisine

le réverbère

umusigiti

la mosquée

ubwororero

la ferme

konona ibidukikije

la pollution

akaburi

la cimetière

kw'isengero

l'église

ikibuga

l'aire de jeux

inyubako za kera bita temple

le temple

imisozi

le paysage

ikibabi
la feuille

ivyapa
le panneau indicateur

inzira
le chemin

ubwatsi bita gazon
le pré

ibuye
la pierre

igiti
l'arbre

umuntu atembera kure n' amaguru
le randonneur

uruzi
la rivière

ubwatsi
l'herbe

ishugwe
la fleur

ikiyaya

la vallée

umusozi

la montagne

ikiyaga

le lac

ishamba

la forêt

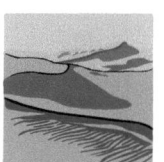

ubugaragwa

le désert

ikirunga

le volcan

ishato

le château

umunywamazi

l'arc-en-ciel

ikizinu

le champignon

ikigazi

le palmier

umubu

le moustique

isazi

la mouche

urutozi

les fourmis

uruyuki

l'abeille

igitangurigwa

l'araignée

agakoko gato bita
coléoptère
....
le coléoptère

igikere
....
la grenouille

agakoko bita écureuil
....
l'écureuil

ikinyogote
....
le hérisson

urukwavu
....
le lièvre

igihuna
....
la chouette

inyoni
....
l'oiseau

imbata
....
le cygne

ingurube y' ishamba
....
le sanglier

idubu
....
le cerf

igikoko bita élan
....
l'élan

urugomero
....
le barrage

icuma gitanga
umuyagankuba
....
l'éolienne

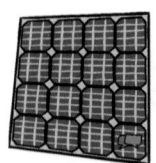

ikimuri c' imishwarara
....
le panneau solaire

igihe
....
le climat

resitora

le restaurant

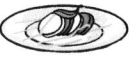

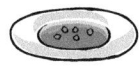

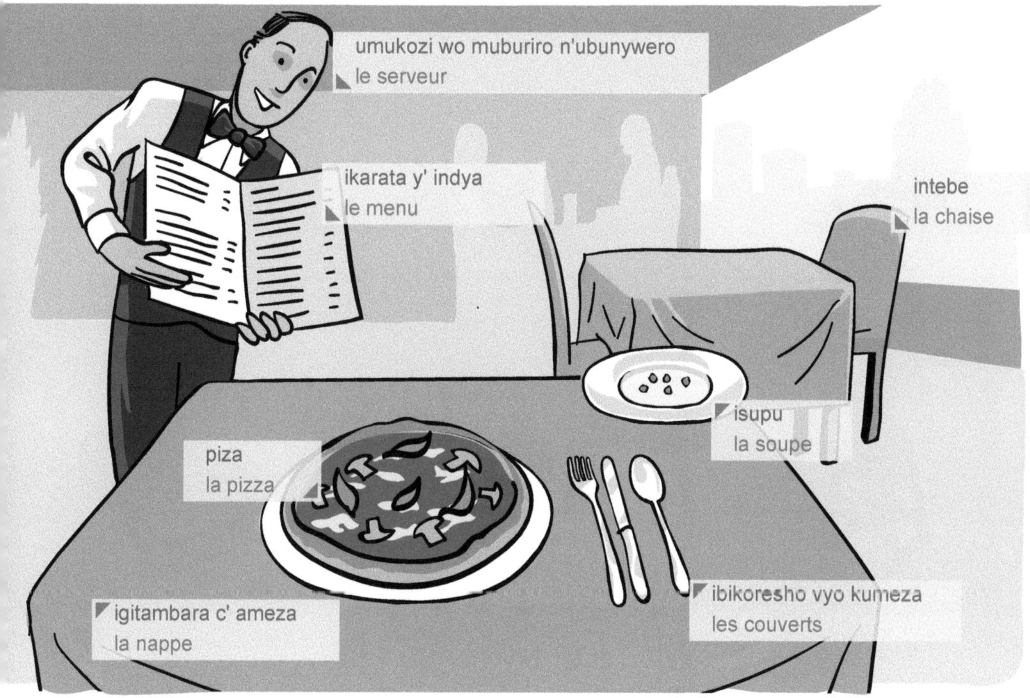
umukozi wo muburiro n'ubunywero
le serveur
ikarata y' indya
le menu
intebe
la chaise
isupu
la soupe
piza
la pizza
ibikoresho vyo kumeza
les couverts
igitambara c' ameza
la nappe

indya y' ibanze

les hors d'œuvre

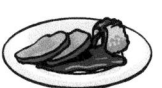

indya nkuru

le plat principal

deseri

le dessert

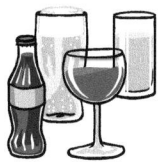

inyobwa

les boissons

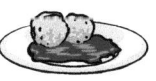

infungugwa

l'alimentation

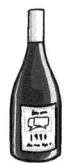

icupa

la bouteille

infungugwa batekanye ingoga

le fast-food

Infungugwa barya bagenda

les plats à emporter

ibirika y' icayi

la théière

agakopo k' isukari

le sucrier

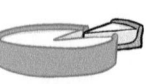

igipande c' indya

la portion

imachini ikora espresso

la machine à expresso

intebe ndende

la chaise haute

inyemazabuguzi

la facture

ako batwarako infungugwa

le plateau

imbugita yo kumeza

le couteau

ikanya

la fourchette

ikiyiko

la cuillère

akayiko k' icayi

la cuillère à thé

seriviyeti

la serviette

ikirahuri

le verre

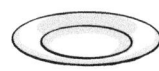

isahani

l'assiette

isahani y' isupu

l'assiette à soupe

isutasi

la soucoupe

isosi

la sauce

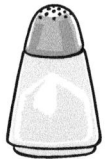

akanyanyagiza umunyu ku ndya

la salière

agasya ipiripiri

le moulin à poivre

vinaigre

le vinaigre

amavuta

l'huile

indyoshandya

les épices

kecapu

le ketchup

mutaride

la moutarde

mayoneze

la mayonnaise

ivyagabanyijwe igiciro
l'offre promotionnelle

umuguzi
le client

ibiva ku mata
les produits laitiers

icamwa
les fruits

agakinga ko mw' iduka
le chariot

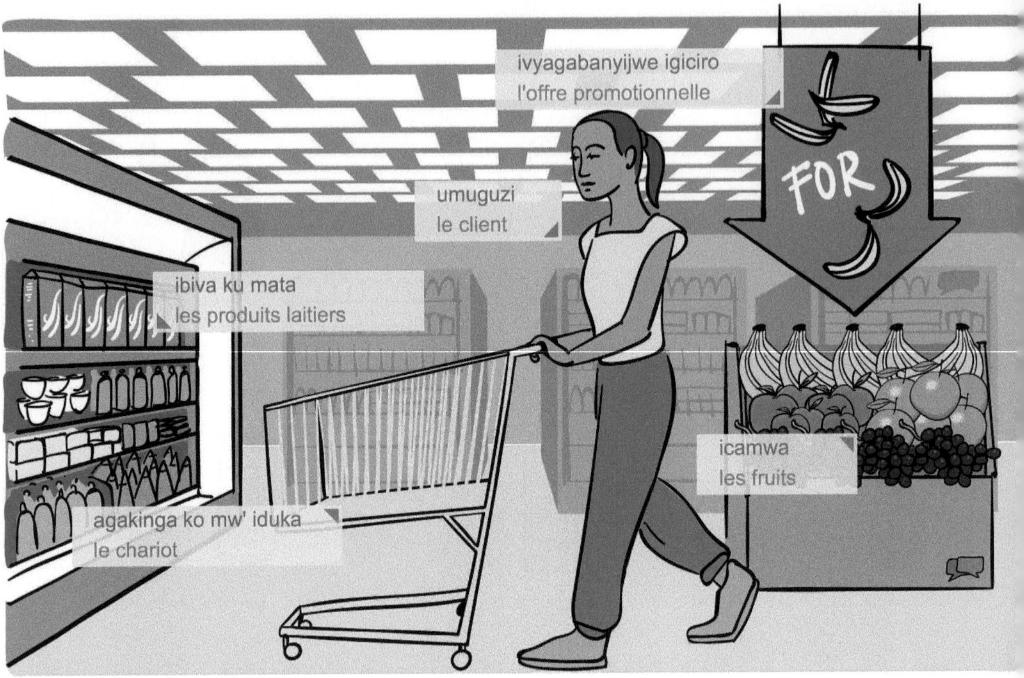

amacuniro

la boucherie

iburangeri

la boulangerie

gupima

peser

imboga

les légumes

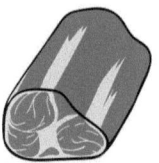

inyama

la viande

Imfungurwa zikanye cane

les aliments surgelés

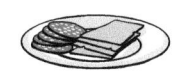

nfungugwa bita charcuterie
en tranches
la charcuterie

amafunguro yo mu
mabwate
les conserves

isabune yo kumesura
la poudre à lessive

ibisosa
les bonbons

ibikoresho vyo muhira
les articles ménagers

ibikoresho vy'isuku
les détergents

umudandaza
la vendeuse

kese
la caisse

umuntu yakira amahera
le caissier

urutonde rw' ibidandazwa
la liste d'achats

amasaha yo kugurura
les heures d'ouverture

ingodomoni
le portefeuille

ikarata y' amahera
la carte de crédit

isakoshe
le sac

ishakoshe ya parastike
le sac en plastique

amazi

l'eau

umutobe

le jus de fruit

amata

le lait

koka

le coca

umuvinyo

le vin

ikiyeri

la bière

inzoga

l'alcool

kakao

le chocolat chaud

icayi

le thé

ikawa

le café

ikawa yitwa espresso

l'expresso

ikawa yitwa kapucino

le cappuccino

umuhwi

la banane

ipome

la pomme

umucungwe

l'orange

icamwa bita melon

le melon

indimu

le citron.

ikaroti

la carotte

igitungurusumu

l'ail

umugano

le bambou

igitunguru

l'oignon

ikizinu

le champignon

ibiyoba

les noisettes

amakaroni

les pâtes

spagetti

les spaghetti

umuceri

le riz

isarade

la salade

ifiriti

les pommes frites

ifiriti

les pommes de terre rôties

piza

la pizza

hamburugere

le hamburger

sandwich

le sandwich

infungugwa bita escalope

l'escalope

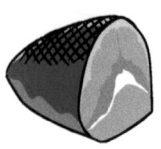

jambo

le jambon

salami

le salami

isosiso

la saucisse

inyama y' inkoko

le poulet

umusoso

le rôti

ifi

le poisson

infungugwa bita flocons d' avoine
....
les flocons d'avoine

imfungugwa bita müsli
....
le muesli

infungugwa bita corn - flakes
....
les cornflakes

ifarini
....
la farine

umukate bita croissant
....
le croissant

umukate muto
....
les petits-pains

umukate
....
le pain

umukate bashusha
....
le pain grillé

ibisuguti
....
les biscuits

amavuta
....
le beurre

iforomaji yera
....
le fromage blanc

igato
....
le gâteau

irigi
....
l'œuf

amafunguro bita oeuf au plat
....
l'œuf au plat

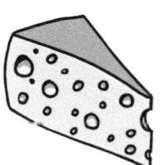

iformaji
....
le fromage

infungugwa bita crème
glacée

la glace

isukari

le sucre

ubuki

le miel

ikonfitire

la confiture

imfungugwa bita praliné

la crème nougat

infungugwa bita curry

le curry

ubwororero
la ferme

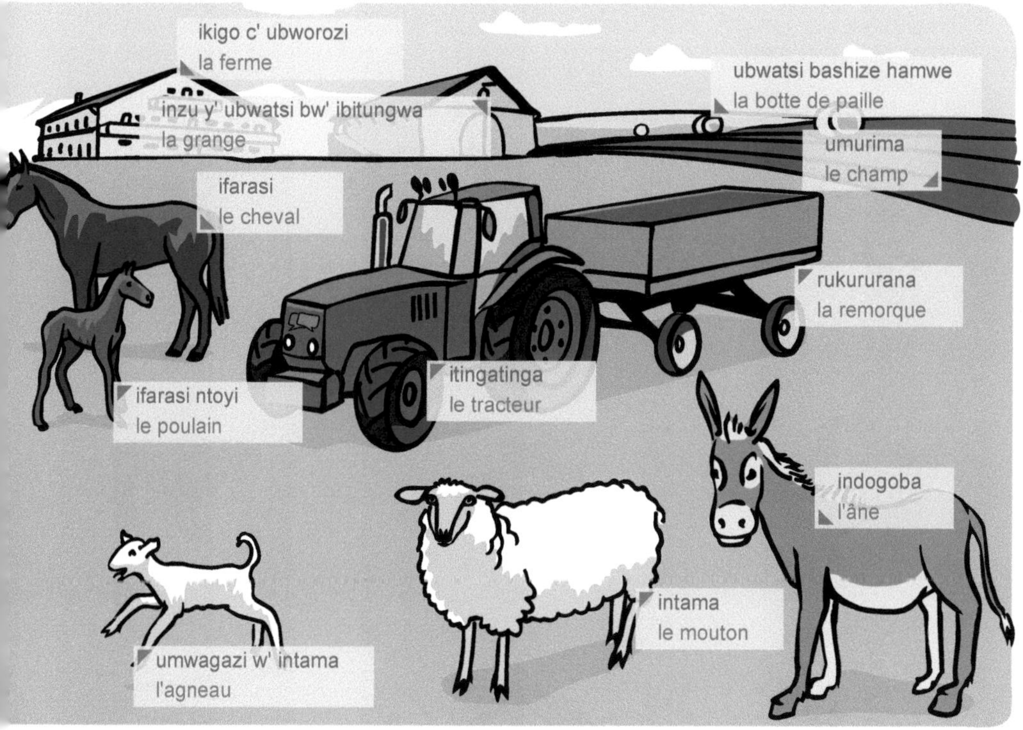

ikigo c' ubworozi
la ferme
inzu y' ubwatsi bw' ibitungwa
la grange
ubwatsi bashize hamwe
la botte de paille
umurima
le champ
ifarasi
le cheval
rukururana
la remorque
itingatinga
le tracteur
ifarasi ntoyi
le poulain
indogoba
l'âne
intama
le mouton
umwagazi w' intama
l'agneau

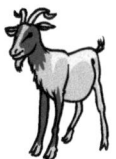

impene
la chèvre

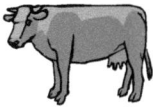

inka
la vache

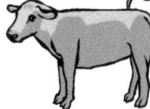

inyana
le veau

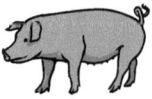

ingurube
le porc

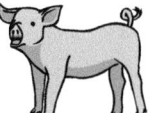

ikibuguru
le porcelet

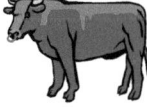

impfizi
le taureau

inyoni yitwa oie

l'oie

imbata

le canard

umuswi

le poussin

inkokokazi

la poule

isake

le coq

imbeba nini

le rat

akayabu

le chat

imbeba

la souris

ishuri

le bœuf

imbwa

le chien

umusaka w'imbwa

le chenil

umuringoti wo kuvomerera umurima

le tuyau de jardin

ico bakoresha basukira amashurwe

l'arrosoir

urukero

la faucheuse

majagu

la charrue

umuhoro

la faucille

isuka

la pioche

ikinyanyagiza ibitabizo irya n'ino

la fourche

ishoka

la hache

inkorofani

la brouette

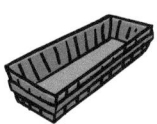

ubwato

la cuve

icansi

le pot à lait

umufuko

le sac

urugo

la clôture

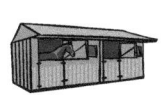

indaro y' ibitungwa

l'étable

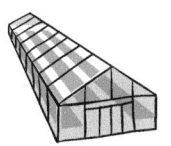

utuzu bashusha kugirango ibimera birimwo bikure

le serre

isi

le sol

imbuto

les semences

ifumbire

l'engrais

imashini yimbura

la moissonneuse-batteuse

kwimbura

récolter

umwimbu

la récolte

infungugwa bita igname

l'igname

ingano

le blé

isoya

le soja

ikiraya

la pomme de terre

ikigori

le maïs

ubwoko bw' ingano bita colza

le colza

igiti c' ivyamwa

l'arbre fruitier

imyumbati

le manioc

ibinyantete

les céréales

inzu
la maison

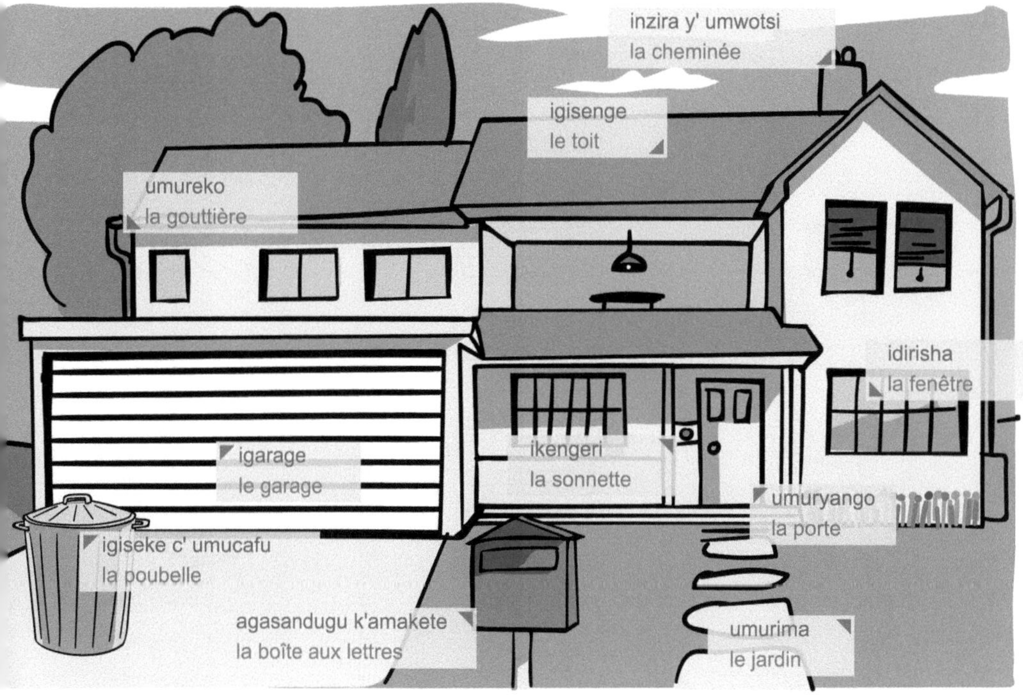

inzira y' umwotsi
la cheminée
igisenge
le toit
umureko
la gouttière
idirisha
la fenêtre
igarage
le garage
ikengeri
la sonnette
umuryango
la porte
igiseke c' umucafu
la poubelle
agasandugu k'amakete
la boîte aux lettres
umurima
le jardin

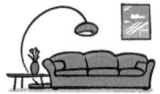

isaro
....
le salon

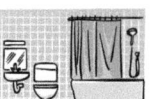

ubwogero
....
la salle de bain

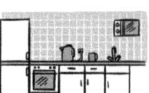

igikoni
....
la cuisine

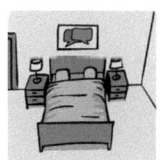

icumba co kuraramo
....
la chambre à coucher

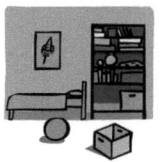

icumba c' umwana
....
la chambre d'enfant

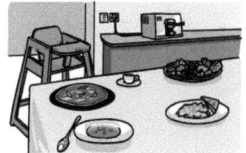

uburiro
....
la salle à manger

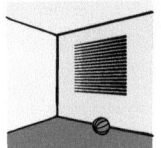

hasi

le sol

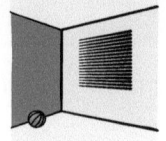

uruhome

le mur

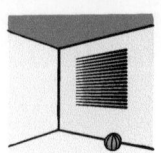

igisenge c' inzu

le plafond

kave

la cave

sauna

le sauna

ibaraza

le balcon

ibaraza

la terrasse

aho bogera

la piscine

itondezi

la tondeuse à gazon

igikaratasi

la housse

uburengeti

la couette

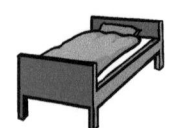

uburiri

le lit

umweyerezo

le balai

indobo

le sceau

akabuto

l'interrupteur

isaro
le salon

igisharizo
le papier peint
isanamu
l'image
itara
la lampe
akabati
l'étagère
akabati
l'armoire
imboneshakure
la télé
igicaniro
la cheminée
ishugwe
la fleur
umusagamiro
le coussin
ifoteyi
le sofa
ivaze
le vase
terekomande
la télécommande

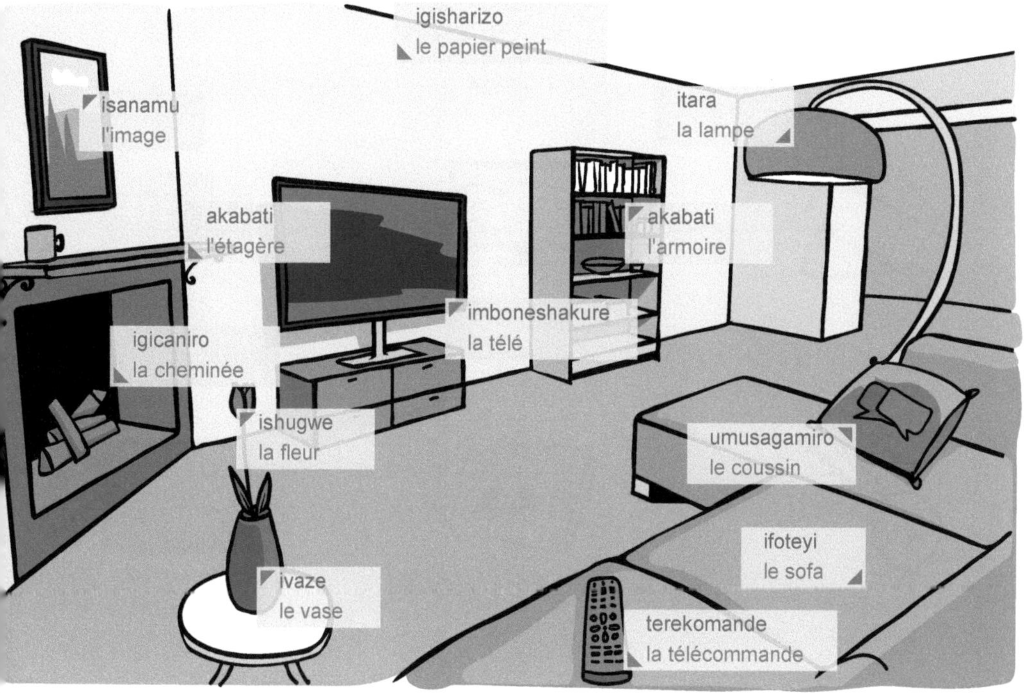

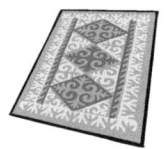

itapi
....
le tapis

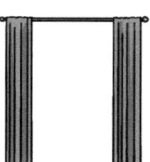

irido
....
le rideau

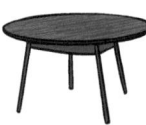

ameza
....
la table

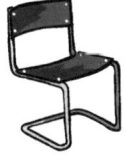

intebe
....
la chaise

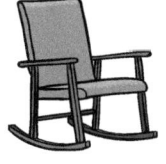

intebe icundera
....
la chaise à bascule

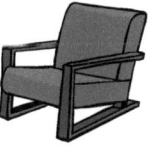

ifoteyi
....
le fauteuil

igitabo

le livre

ikirengeti

la couverture

ibitako

la décoration

inkwi

le bois de chauffage

ireresi

le film

ivyuma vy' umuziki

la chaîne hi-fi

urufunguruzo

la clé

ikinyamakuru

le journal

gusiga amarangi

la peinture

isanamu nini

le poster

insamirizi

la radio

ikaye ndangaminsi

le bloc-notes

asipirateri

l'aspirateur

icimera bita cactus

le cactus

ibuji

la bougie

igikoni
la cuisine

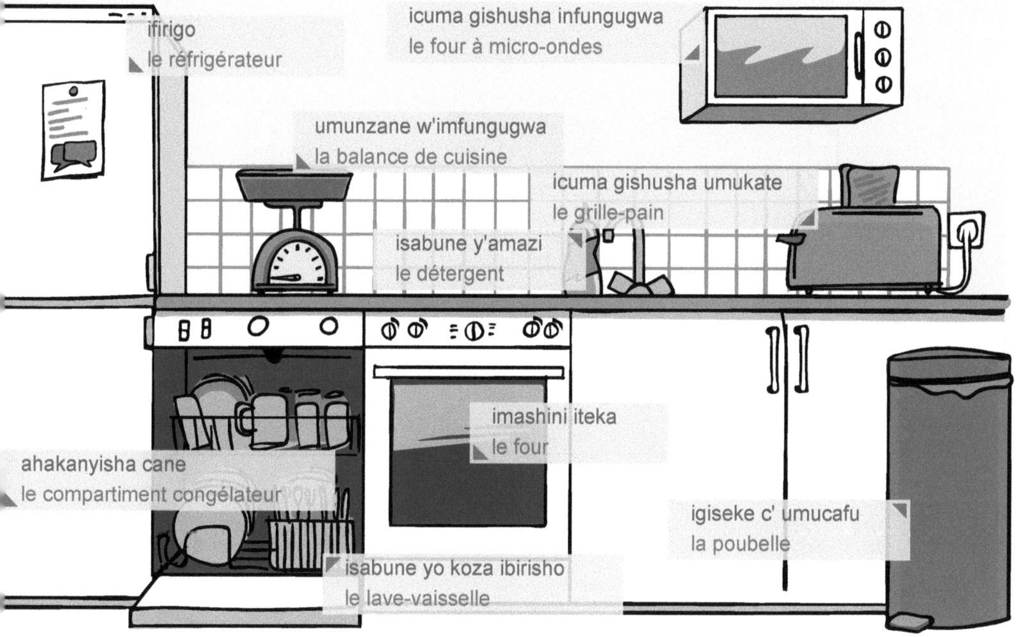

ifirigo
le réfrigérateur
icuma gishusha infungugwa
le four à micro-ondes
umunzane w'imfungugwa
la balance de cuisine
icuma gishusha umukate
le grille-pain
isabune y'amazi
le détergent
imashini iteka
le four
ahakanyisha cane
le compartiment congélateur
igiseke c' umucafu
la poubelle
isabune yo koza ibirisho
le lave-vaisselle

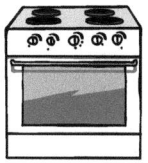

ishiga
le four

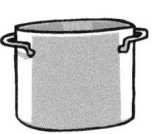

isafuriya
la casserole

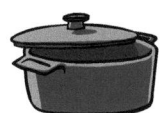

isafuriya y' icuma
la marmite

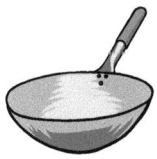

ipanu bita wok
le wok / kadai

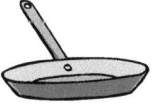

ipanu
la poêle

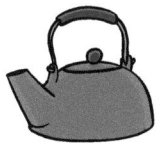

akuma gashusha amazi
la bouilloire electrique

isafuriya itekesha umuhisha

le cuiseur vapeur

ico bakorerako imikate

la plaque de cuisson

ibirisho

la vaisselle

igikombe

le gobelet

ibakure

la coupe

uduti two kurisha

les baguettes

icaruzo c' isupu

la louche

ikimamiro

la spatule

agakubitisho

le fouet

imashini isya ibifungurwa

la passoire

akayunguruzo

le tamis

agakatakata imfungugwa

la râpe

agasekuro

le mortier

icokerezo

le barbecue

urucaniro

la cheminée

urubaho rwo gukatirako

la planche à découper

akabaho bakoresha spageti

le rouleau à pâtisserie

urupfunguzo rw'umuvinyu

le tire-bouchon

agasandugu

la boîte

urupfunguzo
rw'agasandugu
l'ouvre-boîte

ivyo gufatisha isafuriya
ishushe

les maniques

icogerezo

le lavabo

uburoso

la brosse

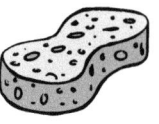

ivyogesho

l'éponge

imigiseri

le mixeur

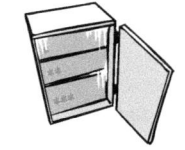

frigo nini ikanyisha cane

le congélateur

bibero

le biberon

ivomo

le robinet

ubwogero

la salle de bain

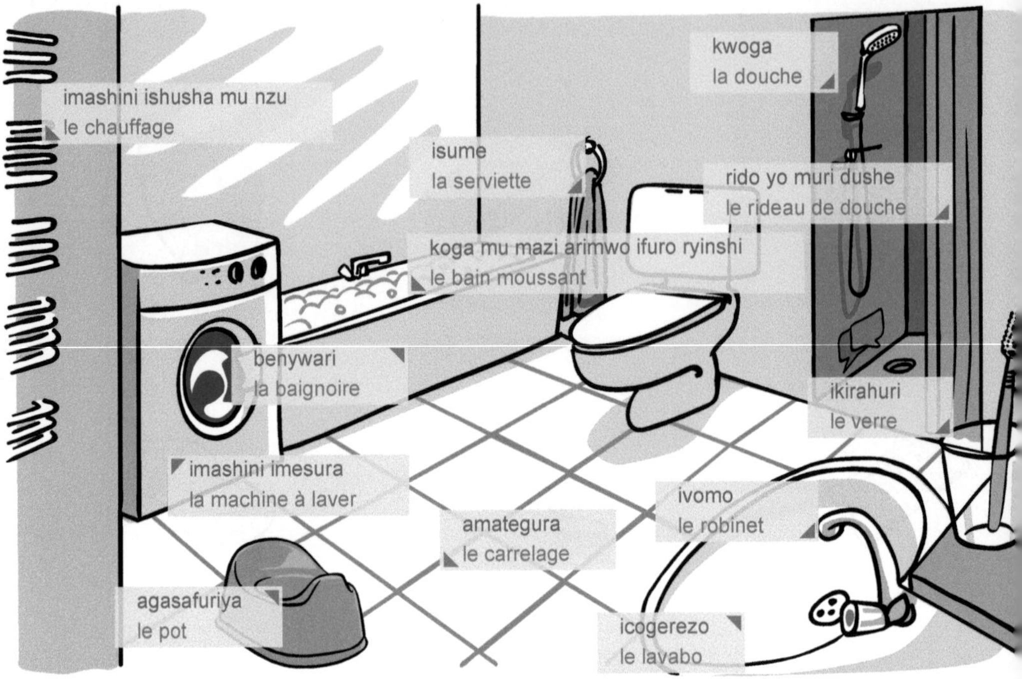

kwoga
la douche

imashini ishusha mu nzu
le chauffage

isume
la serviette

rido yo muri dushe
le rideau de douche

koga mu mazi arimwo ifuro ryinshi
le bain moussant

benywari
la baignoire

ikirahuri
le verre

imashini imesura
la machine à laver

ivomo
le robinet

amategura
le carrelage

agasafuriya
le pot

icogerezo
le lavabo

Akazu ka surwumwe

les toilettes

akazu ka surwumwe
k'ikirundi

la toilette à la turque

akantu gatoya bogeraho

le bidet

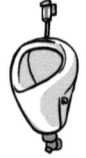

aho basoba

l'urinoir

ibikaratase vyo kwi sukuza
mu nzu ya surwumwe

le papier toilette

uburoso bwoza akazu ka
surwumwe

la brosse à toilette

umujigiti

la brosse à dents

umuti wo koza amenyo

le dentifrice

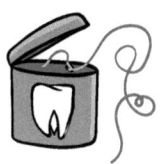

utugozi two gusukura amenyo

le fil dentaire

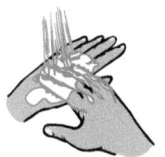

koza

laver

ikinyuko

la douche manuelle

ubwoko bwa dushe

la douche intime

ico bakarabiramo intoki

la vasque

uburoso busukura mu mugongo

la brosse dorsale

isabune

le savon

isabuni yo kwoga

le gel douche

shampo

le shampooing

agatambara ko kwisukura

le gant de toilette

umuringoti

l'écoulement

amavuta yo kwisiga

la crème

iparufe yo mu kwaha

le déodorant

icirore

le miroir

icirore

le miroir cosmétique

imashini imwa ubwanwa

le rasoir

ifuro ryo kumwa ubwanwa

la mousse à raser

umuti basiga aho bamoye

l'après-rasage

igisokozo

la peigne

uburoso

la brosse

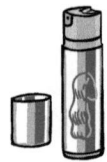

akuma kumutsa umushatsi

le sèche-cheveux

amavuta bapuriza mu mushatsi

la laque pour cheveux

ibikoresho vyo kwipodora

le fond de teint

amavuta afise ibara yo k'umunywa

le rouge à lèvres

verni y'inzara

le vernis à ongles

ipampa

l'ouate

umukasi uca inzara

le coupe-ongles

iparufe

le parfum

agasaho k' ivyo kwisukura
ku rugendo

la trousse de toilette

agatebe

le tabouret

umunzane

le pèse-personne

penywari

le peignoir

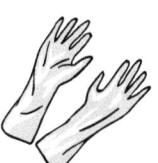

udufuko tw' intoke iyo
bakora isuku

les gants de nettoyage

kotegisi

le tampon

kotegisi

es serviettes hygiéniques

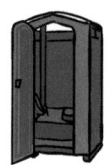

ubwoko bw'akazu ka
surwumwe

la toilette chimique

icumba c' umwana
la chambre d'enfant

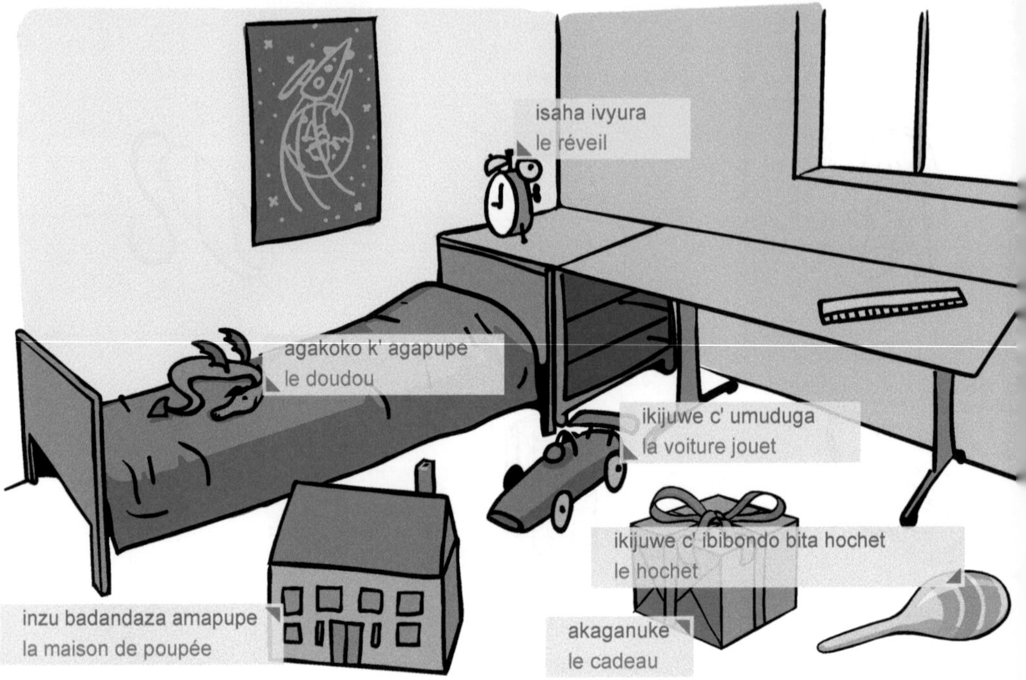

isaha ivyura
le réveil
agakoko k' agapupe
le doudou
ikijuwe c' umuduga
la voiture jouet
ikijuwe c' ibibondo bita hochet
le hochet
inzu badandaza amapupe
la maison de poupée
akaganuke
le cadeau

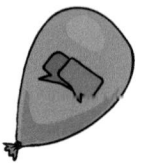

igipurizo

le ballon

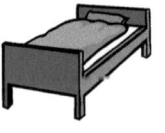

uburiri

le lit

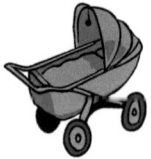

la poussette

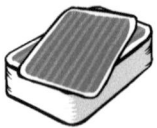

urukino rw' ikarata

le jeu de cartes

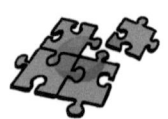

urukino bita puzile

le puzzle

SUPER
MEGA

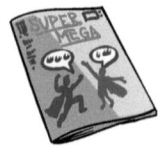

ibitabo vy' amashusho

la bande dessinée

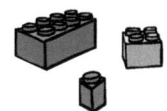

urukino bita lego

les pièces lego

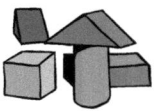

ibijuwe vyo kubaka

les blocs de construction

ipupe

la figurine

impuzu yo kurarana y abana

la grenouillère

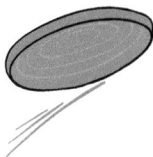

urukino bita frisbi

le frisbee

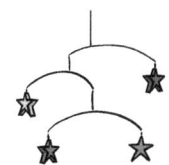

udukinisho two ku buriri bw' ibibondo

le mobile

urukino rwo kumeza

le jeu de société

agakinisho bita de

le dé

gari ya moshi z' ibikinisho

le train miniature

madanganya

la sucette

umunsi mukuru

la fête

igitabo c' ibicapo

le livre d'images

umupira

la balle

igipupe

la poupée

gukina

jouer

umusenyi abana
bakiniramwo

le bac à sable

uruvuma

la balançoire

ikijuwe

les jouets

urukino nyabwonko

la console de jeu

ikinga ry'amapine atatu

le tricycle

igikoko bita ours c 'ikijuwe

l'ours en peluche

akabati k' impuzu

l'armoire

impuzu
les vêtements

amashesheti

les chaussettes

amashesheti maremare

les bas

ubwoko bw'impuzu zifata
kandi zigaruka cane

le collant

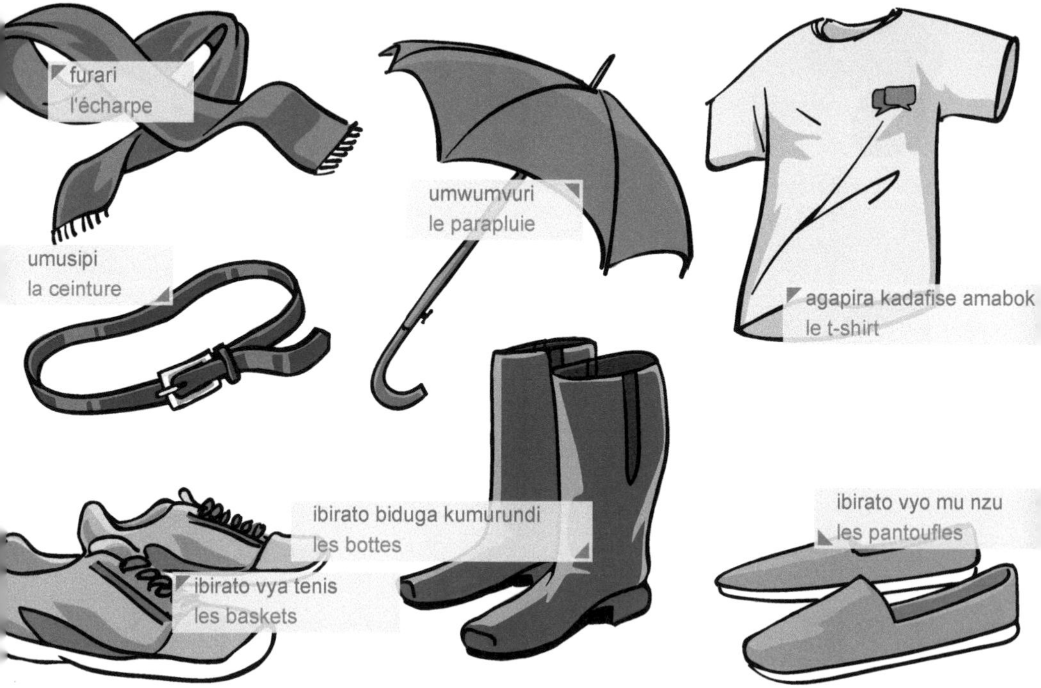

furari
l'écharpe

umwumvuri
le parapluie

agapira kadafise amabok
le t-shirt

umusipi
la ceinture

ibirato biduga kumurundi
les bottes

ibirato vyo mu nzu
les pantoufles

ibirato vya tenis
les baskets

isandari
....
les sandales

ibirato
....
les chaussures

ingamiya
....
les bottes de caoutchouc

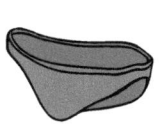

imwesho
....
les sous-vêtements

isutiye
....
le soutien-gorge

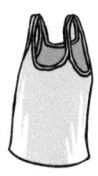

isengeri
....
le maillot de corps

impuzu z' imbere

le body

ipantaro

le pantalon

ijinisi

le jean

ijipo

la jupe

agashati koroshe kabagore

le chemisier

ishati

la chemise

umupira w' imbeho

le pull

umupira w'imbeho ufise inkofero

le sweat à capuche

blazeri

la veste

ikoti

la veste

ikoti rirerire

le manteau

ikoti y'imvura

l'imperméable

kositime

le costume

ikanzu

la robe

ikazu y'umugeni

la robe de mariée

kositime

le costume

ikanzu yo kurarana

la chemise de nuit

impuzu z' ijoro

le pyjama

imvutano z'abahindi

le sari

igitambara co mu mutwe

le foulard

igitambara co mu mutwe
bita turban

le turban

impuzu z' abasiramukazi

la burqa

ikanzu bita kaftan

le caftan

impuzu y' abasiramu

l'abaya

impuzu yo kogana

le maillot de bain

impuzu yo kwogana
y'abagabo

le maillot de bain

imwesho

le short

itereningi

la tenue d'entraînement

itaburiya

le tablier

udufuko tw' intoke

les gants

igifungo

le bouton

amarori

les lunettes

igikomo

le bracelet

akadede

le collier

impeta

la bague

ihereni

la boucle d'oreille

inkofero

le bonnet

porutemanto

le cintre

inkofero

le chapeau

karavate

la cravate

imashini

la fermeture éclair

inkofero yo kwikingira

le casque

imisipi

les bretelles

impuzu y' ishure

l'uniforme scolaire

umwambaro rusangi
w'ahantu

l'uniforme

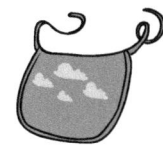

two bambika ibibondo iyo birya

le bavoir

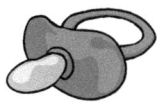

madanganya

la sucette

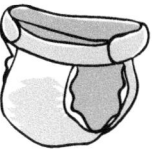

iranje

la lange

ibiro

le bureau

seriveri
le serveur
akabati k' ivyangombwa
l'armoire d'archivage
rukaratasi
papier
empirimante
l'imprimante
ekra
l'écran
suri
la souris
ameza yo kwandikirako
le bureau
ico bashiramwo ivyangombwa
le classeur
karaviye
le clavier
eke bajugunyamo amakaratasi
rbeille à papier
nyabwonko
l'ordinateur
intebe
la chaise

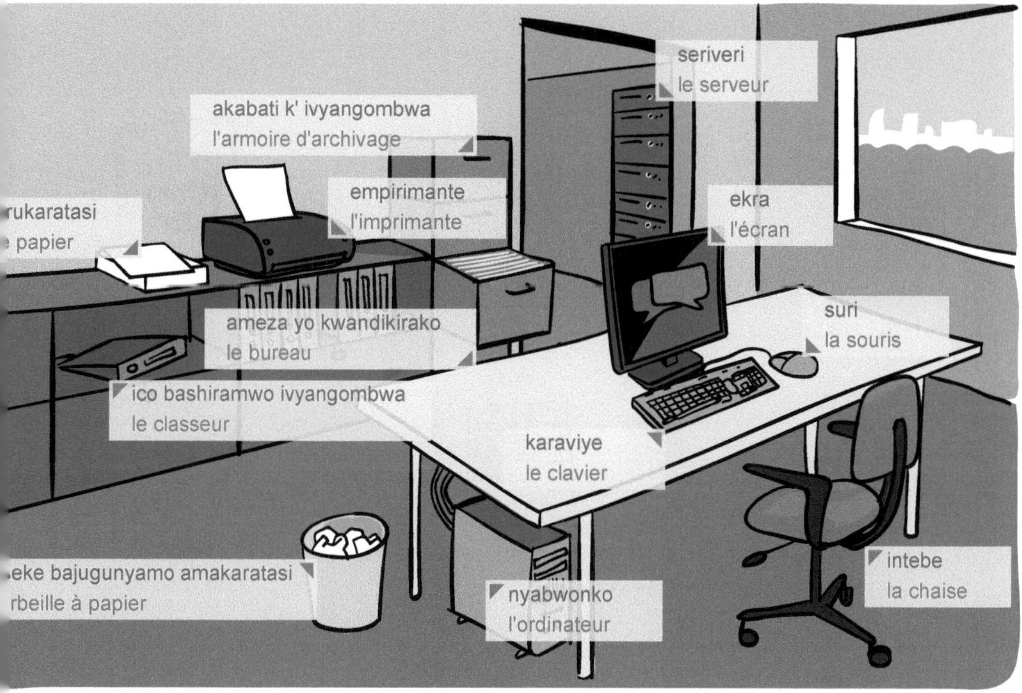

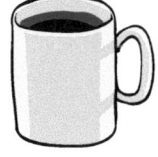

igikombe c' ikawa

la tasse de café

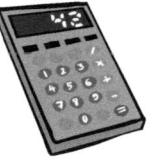

imashini iharura

la calculatrice

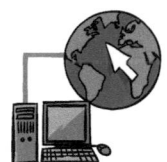

ubuhinga ngurukanabumenyi

l'internet

inyabwonko ngendanwa

l'ordinateur portable

ikete

la lettre

ubutumwa

le message

telefoni ngendanwa

le portable

rezo

le réseau

fotokopiyeze

la photocopieuse

rojisiyeri

le logiciel

telefoni

le téléphone

purize

la prise

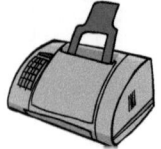

fagisi

le fax

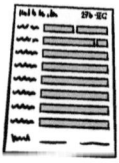

urukaratasi rwo kuzuza

le formulaire

icangombwa

le document

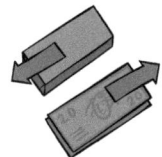

kuriha
acheter

kuriha
payer

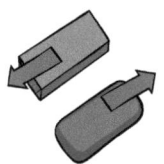

kudandaza
faire du commerce

amahera
la monnaie

idorari
le dollar

iyero
l'euro

iyene
le yen

amahera y' abarusiya
le rouble

amahera y' abasuwisi
le franc suisse

amahera bita renmimbi
yuan
le renminbi yuan

amahera bita rupi
la roupie

icuma gitanga amahera
le distributeur automatique

ku bavunjayi

le bureau de change

inzahabu

l'or

umujumbu

l'argent

ipeteroli

le pétrole

inguvu

l'énergie

ikiguzi

le prix

amasezerano

le contrat

amakori

la taxe

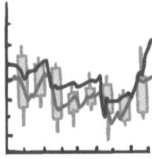

igice

l'action

gukora

travailler

umukozi

l'employé

umukoresha

l'employeur

ihinguriro

l'usine

akaduka

le magasin

imirimo
les professions

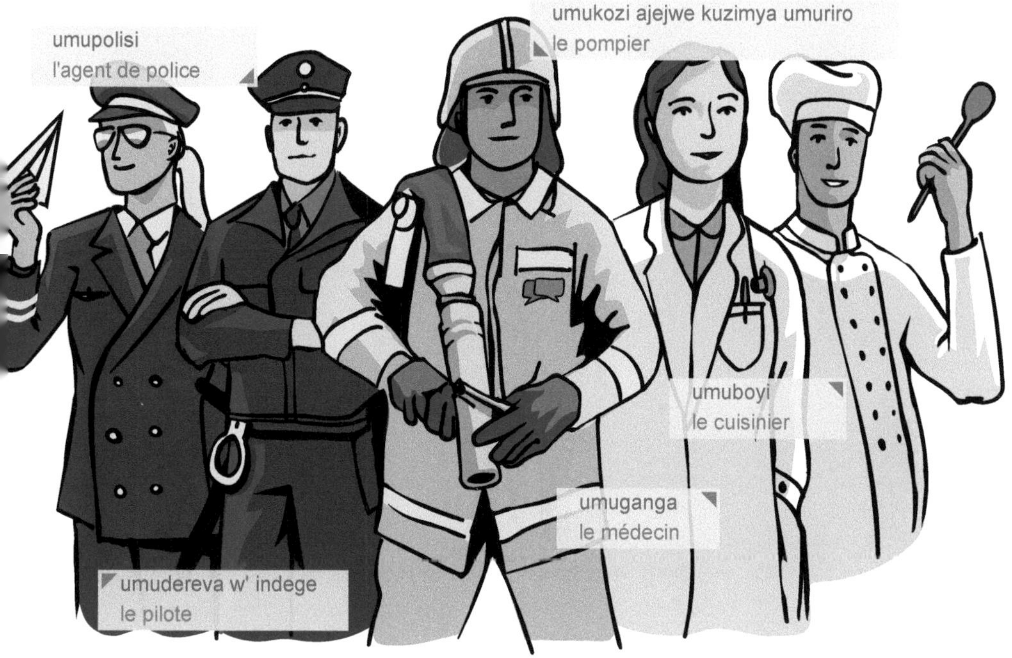

umupolisi
l'agent de police
umukozi ajejwe kuzimya umuriro
le pompier
umuboyi
le cuisinier
umuganga
le médecin
umudereva w' indege
le pilote

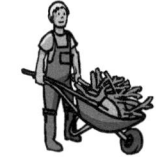

mukozi akora murikarima

le jardinier

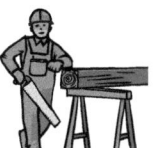

umubaji

le menuisier

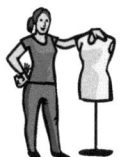

umushonyi

la couturière

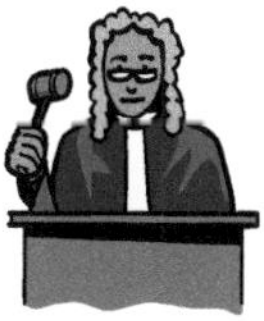

umucamanza

le juge

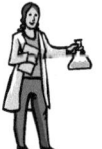

umuhinga mu vya chimie

le chimiste

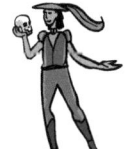

umukinyi w'amareresi

l'acteur

umudereva w' ibisi

le conducteur de bus

umudereva w' itagisi

le chauffeur de taxi

umurovyi

le pêcheur

umuzezwanzukazi

la femme de ménage

sharupantiye

le couvreur

umukozi wo muburiro n'ubunywero

le serveur

umuhigi

le chasseur

umufundi w' amarangi

le peintre

umuntu akora imikate

le boulanger

umufundi w' amatara

l'électricien

umwubatsi

l'ouvrier

enjeniyeri

l'ingénieur

umuyangayanga

le boucher

umufundi w' amazi

le plombier

umuparanto

le facteur

umusoda

le soldat

umuntu acapa inyubako

l'architecte

umuntu yakira amahera

le caissier

mukozi ajejwe amashugwe

le fleuriste

kimyozi

le coiffeur

kontororeri

le contrôleur

umufundi w' imiduga

le mécanicien

umudereva w' ubwato

le capitaine

umuganga w' amenyo

le dentiste

umuhinga mu vya siyansi

le scientifique

umuhinga mu bayahudi bita
rabi

le rabbin

imame

l'imam

umuvugiramana

le moine

umuvugiramana

le prêtre

ibikoresho vy' ubwubatsi

les outils

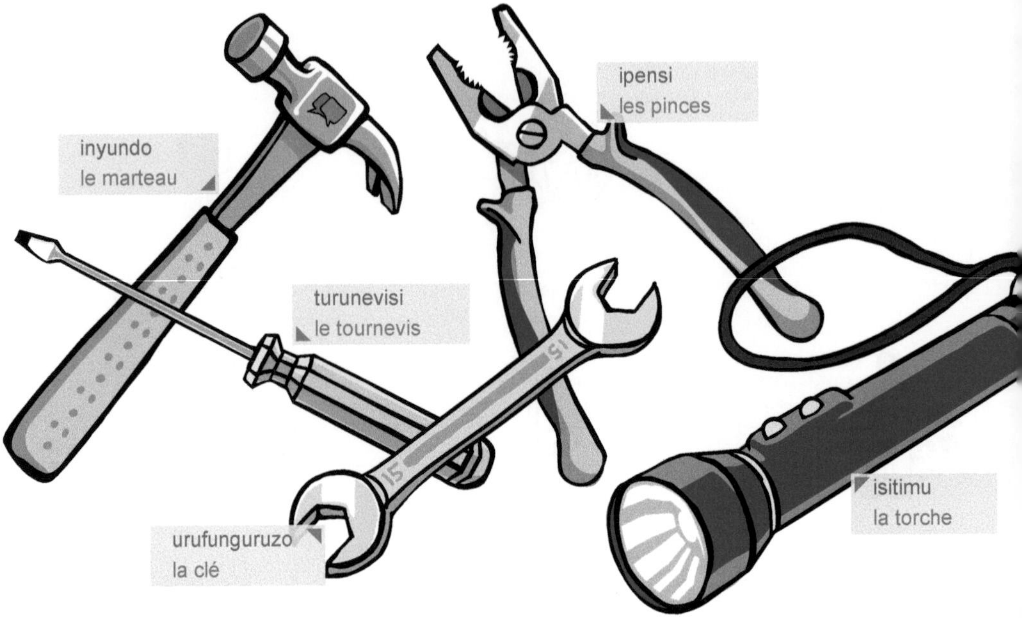

inyundo
le marteau
ipensi
les pinces
turunevisi
le tournevis
urufunguruzo
la clé
isitimu
la torche

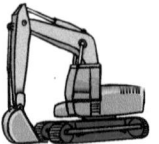

tingatinga

la pelleteuse

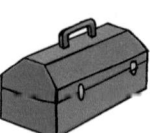

isaho y' ibikoresho

la boîte à outils

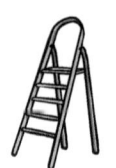

ingazi

l'échelle

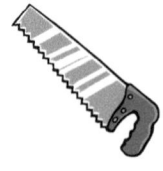

umusumeno

la scie

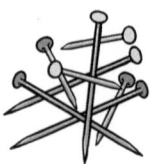

imisumari

les clous

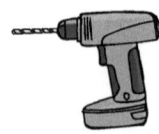

icuma bita foreuse

la perceuse

gukora
réparer

igipawa
la pelle

asyi!
Mince !

agaterura umucafu
la pelle

indobo y' irangi
le pot de peinture

ivis
les vis

ivyuma vyo gucuraranga
les instruments de musique

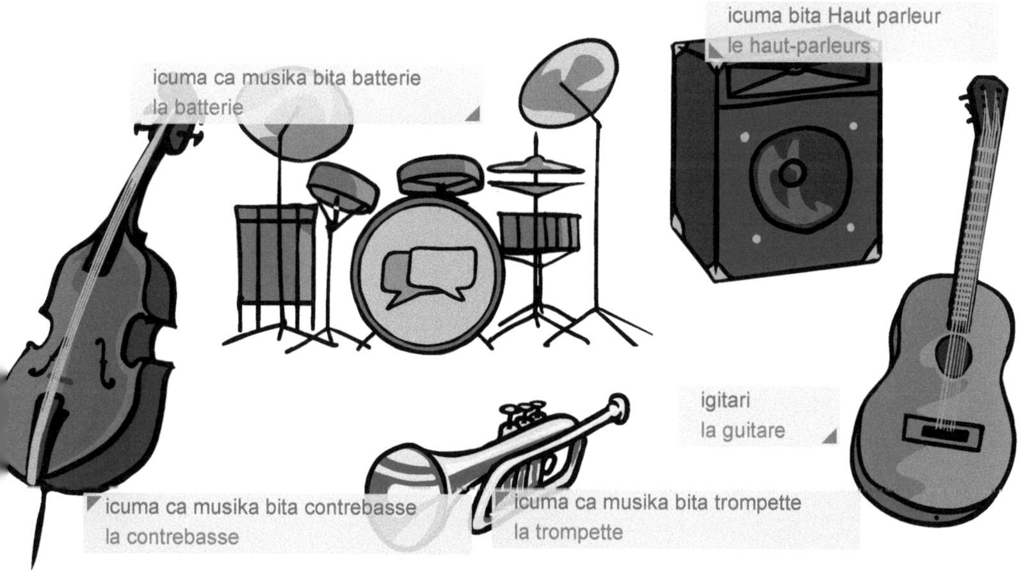

icuma bita Haut parleur
le haut-parleurs

icuma ca musika bita batterie
la batterie

igitari
la guitare

icuma ca musika bita contrebasse
la contrebasse

icuma ca musika bita trompette
la trompette

icuma ca musika bita piano

le piano

icuma ca musika bita violon

le violon

gitare icuranga Bass

la basse

icuma ca musika bita
timbale

les timbales

ingoma

le tambour

icuma ca musika bita piano
electrique

le piano électrique

icuma ca musika bita
saxophone

le saxophone

umwirongi

la flûte

mikoro

le microphone

iratiro ry' ibikoko

le zoo

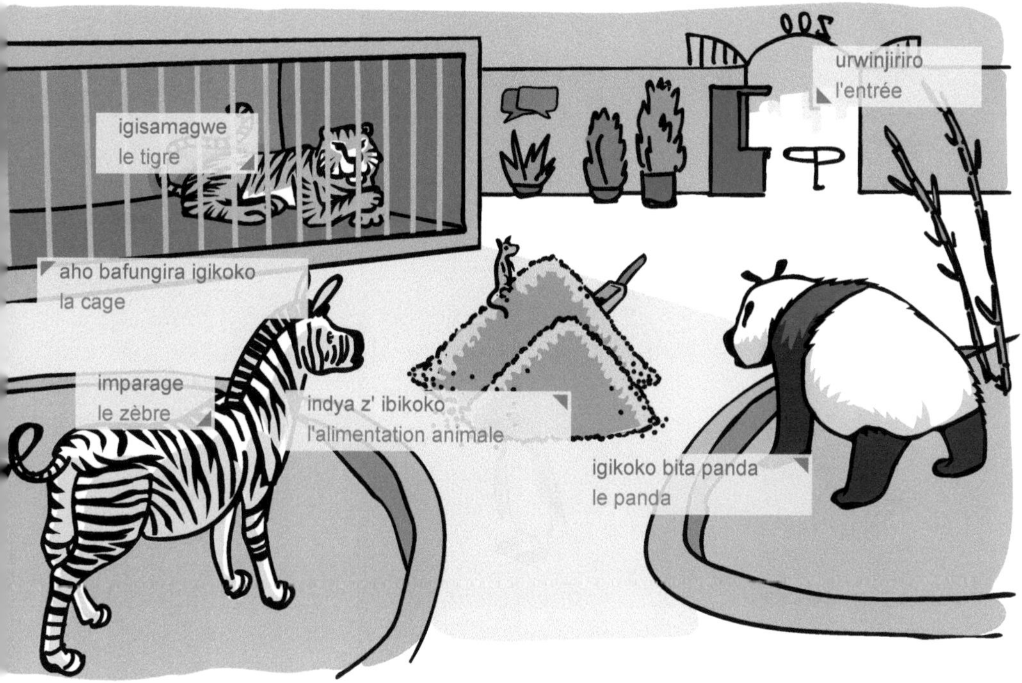
zoo
urwinjiriro
l'entrée
igisamagwe
le tigre
aho bafungira igikoko
la cage
imparage
le zèbre
indya z' ibikoko
l'alimentation animale
igikoko bita panda
le panda

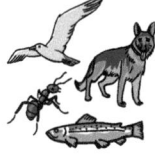

ibikoko

les animaux

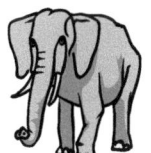

inzovu

l'éléphant

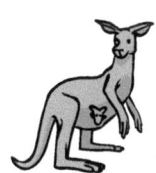

Kanguru

le kangourou

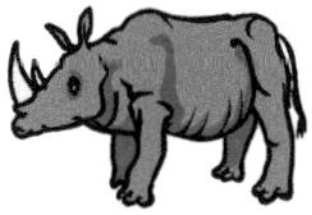

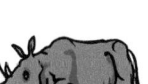

igikoko bita Rhynoceros

le rhinocéros

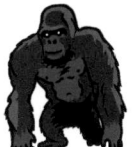

inguge

le gorille

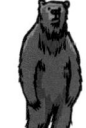

igikoko bita ours

l'ours

ingamiya

le chameau

inyoni bita autriche

l'autruche

intare

le lion

inkende

le singe

inyoni bita flamant rose

le flamand rose

gasuku

le perroquet

igikoko bita ours blanc

l'ours polaire

inyoni bita pinguin

le pingouin

ifi bita requin

le requin

inyoni bita paon

le paon

inzoka

le serpent

ingona

le crocodile

umurinzi w' iratiro ry' ibikoko

le gardien de zoo

igikoko bita phoque

le phoque

igikoko bita jaguar

le jaguar

bwoko bw' ifarasi bita pony

le poney

ingwe

le léopard

imvubu

l'hippopotame

umusumbarembo

la girafe

agaca

l'aigle

ingurube y' ishamba

le sanglier

Ifl

le poisson

akanyamasyo

la tortue

igikoko bita morse

le morse

imbwebwe

le renard

ingeregere

la gazelle

urukino rwa football yo muri amerika
l'american Football

ugusiganwa ku makinga
le cyclisme

urukino rwa tennis
le tennis

urukino rwa basketball
le basket-ball

koga
la natation

urukino rw' ingumu
la boxe

urukino rwa ice-hockey
le hockey sur glace

umupira w'amaguru
le football

urukino rwa badminton
le badminton

ubunonotsi
l'athlétisme

urukino rwa handball
le handball

urukino rwa ski
le ski

urukino rwa Polo
le polo

imirimo
les activités

gutwenga
rire
gusimba
sauter
kugumbirana
embrasser
kugenda
marcher
kuririmba
chanter
kurota
rêver
gusenga
prier
gusoma
faire la bise

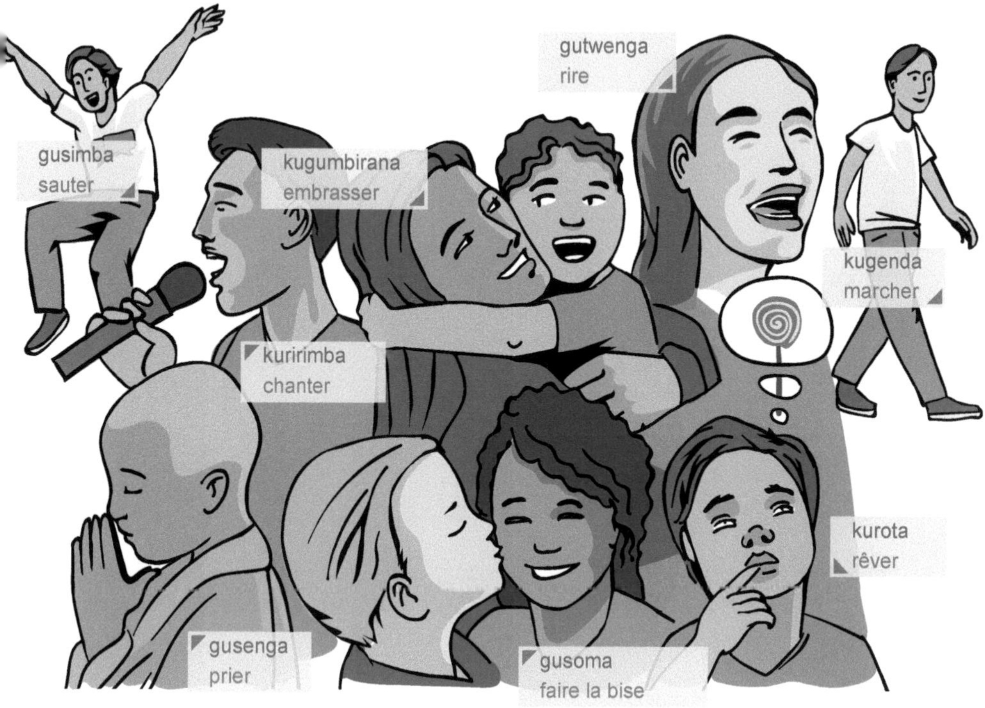

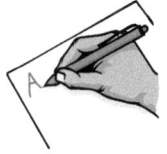

kwandika

écrire

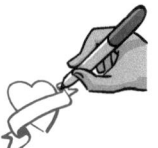

gucapa

dessiner

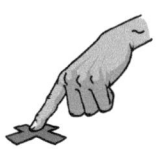

kwereka

montrer

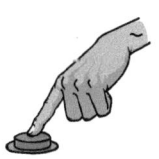

gusuguma

pousser

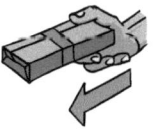

gutanga

donner

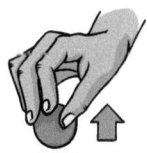

gutora

prendre

kugira

avoir

kugira

faire

kuba

être

guhagarara

être debout

kwiruka

courir

gukwega

trier

guta

jeter

gutemba

tomber

kurambarara hasi

être couché

kurindira

attendre

gutwara

porter

kwicara

être assis

kwambara

s'habiller

kuryama

dormir

kuvyuka

se réveiller

kuraba

regarder

kurira

pleurer

kwagaza

caresser

gusokoza

peigner

kuvuga

parler

gutahura

comprendre

kubaza

demander

kumviriza

écouter

kunywa

boire

gufungura

manger

gutondeka

ranger

gukunda

aimer

guteka

cuire

gutwara

conduire

kuguruka

voler

kugira siporo bita voile

faire de la voile

guharura

calculer

gusoma

lire

kwiga

apprendre

gukora

travailler

kurongora

se marier

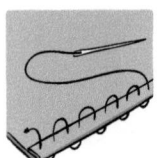

gushona

coudre

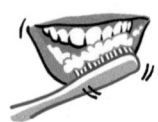

kwijigitura

brosser les dents

kwica

tuer

kunywa itabi

fumer

kurungika

envoyer

umuryango
la famille

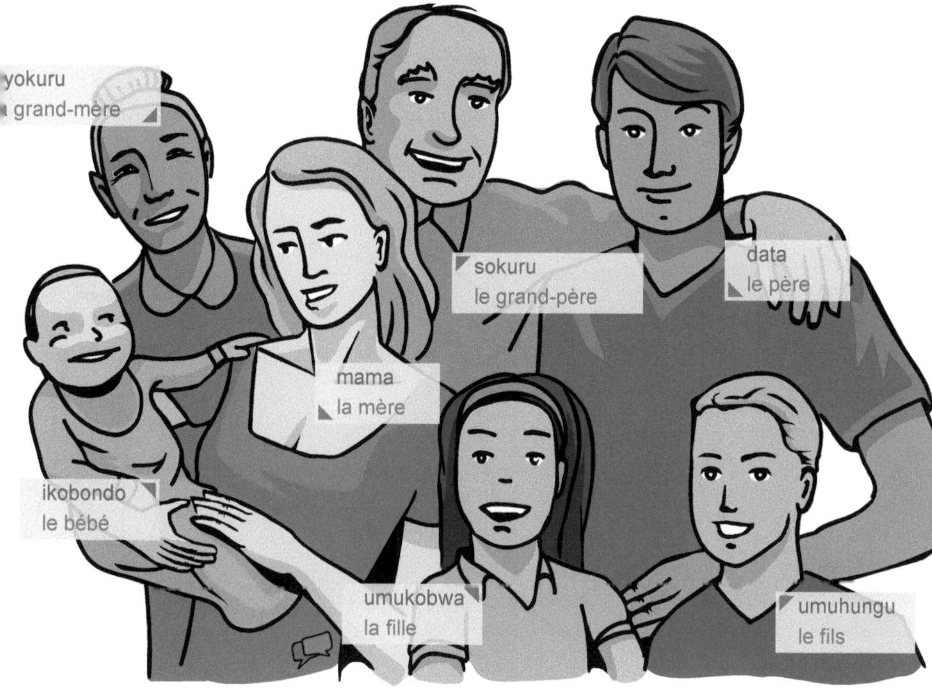

yokuru
grand-mère
sokuru
le grand-père
data
le père
mama
la mère
ikobondo
le bébé
umukobwa
la fille
umuhungu
le fils

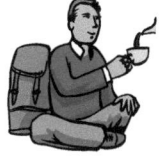

umushitsi

l'hôte

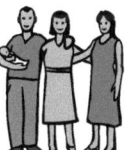

masenge

la tante

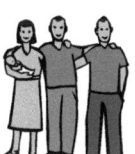

marume

l'oncle

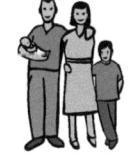

musaza w' umuntu

le frère

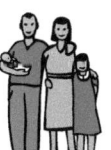

mushiki w' umuntu

la sœur

umubiri

le corps

agahanga
le front
ijisho
l'œil
urutugu
l'épaule
urutoki
le doigt
isura
le visage
agasakanwa
le menton
ikiganza
la main
ukuguru
la jambe
agatuntu
la poitrine
ukuboko
le bras

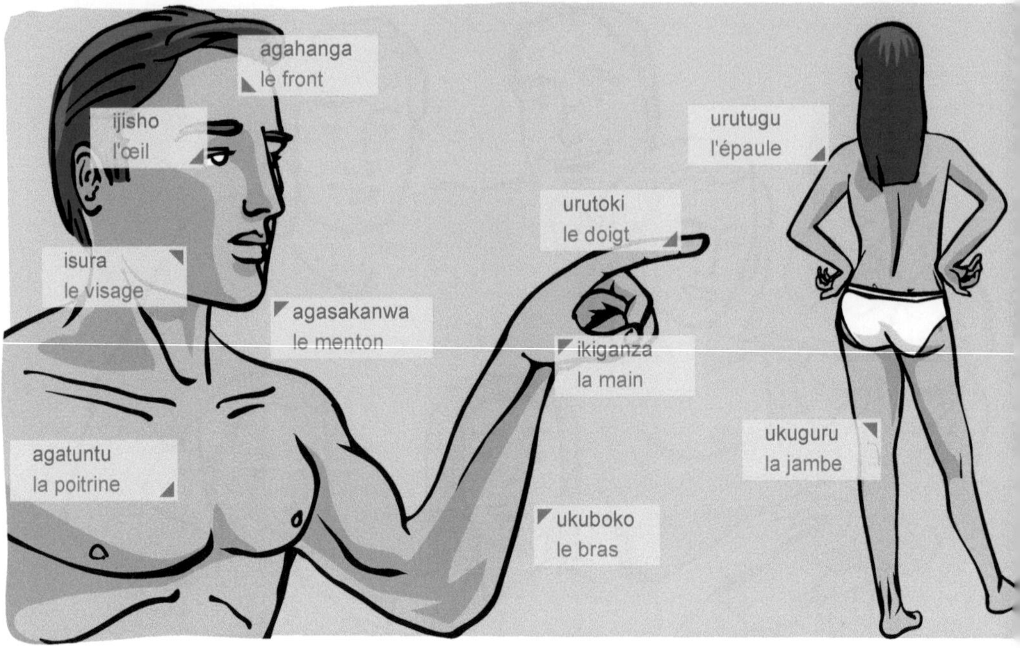

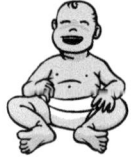

ikobondo

le bébé

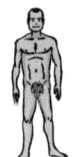

umugabo

l'homme

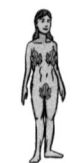

umugore

la femme

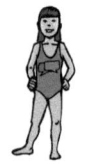

umwigeme

la fille

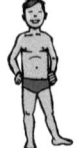

umuhungu

le garçon

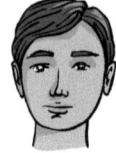

umutwe

la tête

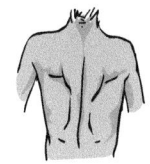

umugongo

le dos

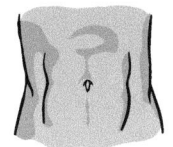

inda

le ventre

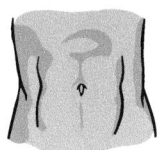

umukondo

le nombril

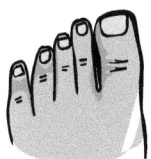

ino

l'orteil

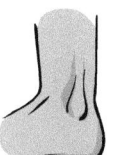

agatsintsiri

le talon

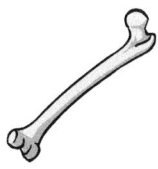

igufa

l'os

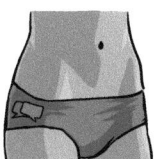

ku mafyigo

la hanche

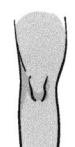

ivi

le genou

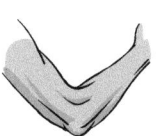

inkokora

le coude

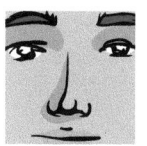

izuru

le nez

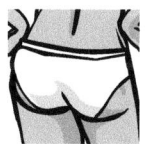

igisusu

les fesses

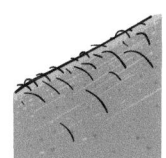

urukoba

la peau

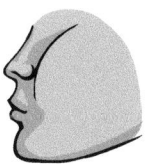

itama

la joue

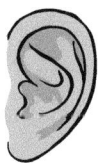

ugutwi

l'oreille

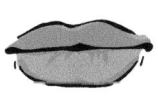

umunwa

la lèvre

umunwa

la bouche

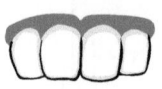

iryinyo

la dent

ururimi

la langue

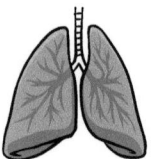

ubwonko

le cerveau

umutima

le cœur

umutsi

le muscle

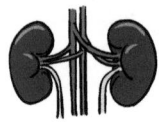

ihaha

les poumons

igitigu

le foie

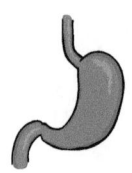

umushishito

l'estomac

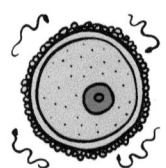

amafyigo

les reins

kurangura amabanga
y'abubatse

le rapport sexuel

agapfuko

le préservatif

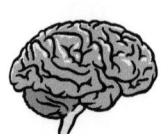

imbuto y' umugore

l'ovule

imbuto y'umugabo

le sperme

imbanyi

la grossesse

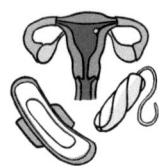

kuja mu kwezi

la menstruation

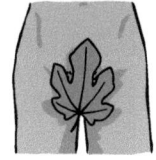

igituba

le vagin

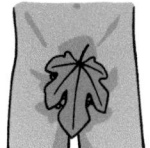

imboro

le pénis

ingohe

le sourcil

umushatsi

les cheveux

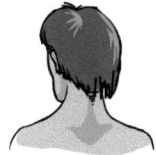

izosi

le cou

ibitaro
l'hôpital

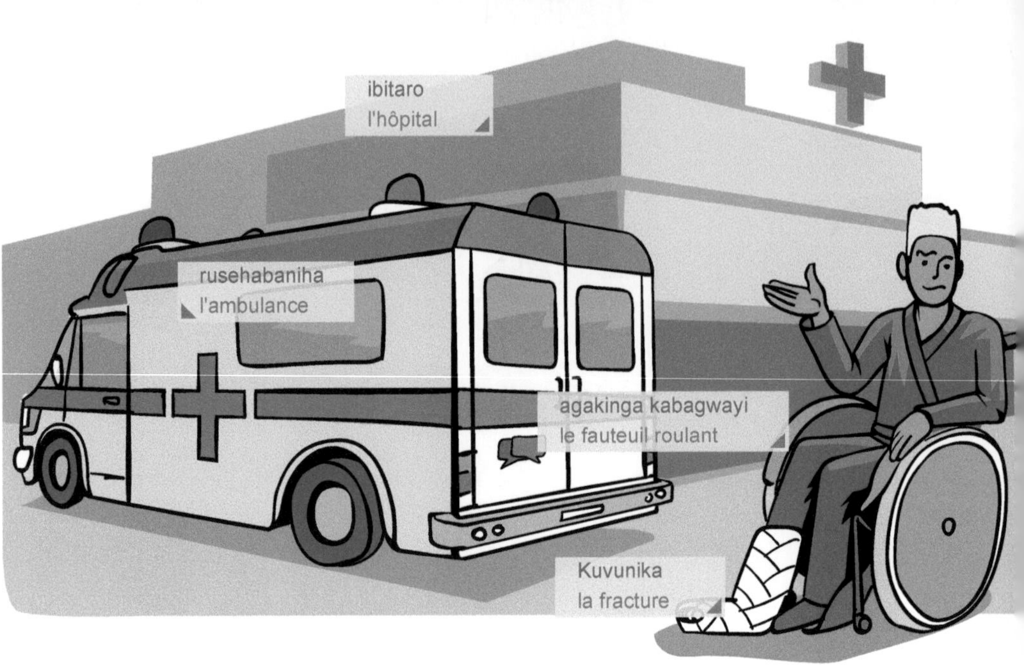

ibitaro
l'hôpital
rusehabaniha
l'ambulance
agakinga kabagwayi
le fauteuil roulant
Kuvunika
la fracture

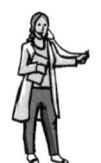

umuganga

le médecin

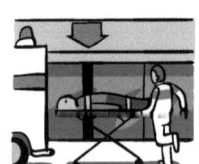

mundembe

le service des urgences

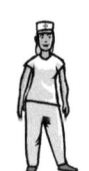

umuforomokazi

l'infirmière

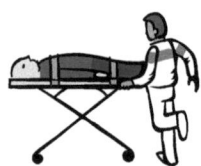

irijanse

l'urgence

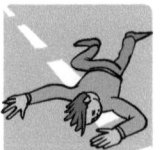

guta ubwenge

inconscient

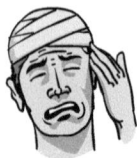

ububabare

la douleur

igikomere

la blessure

kuva amaraso

l'hémorragie

uguhagarara k' umutima

la crise cardiaque

kuvira indani

l'attaque cérébrale

guhurirwa

l'allergie

inkorora

la toux

ubushuhe bw'umubiri

la fièvre

giripe

la grippe

gucibwamwo

la diarrhée

kumeneka umutwe

le mal de tête

Kanseri

le cancer

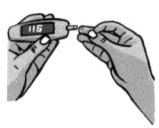

Diyabeti

le diabète

muganga ajejwe kubaga

le chirurgien

akuma ka muganga ubaga

le scalpel

kubagwa

l'opération

sikaneri

le CT

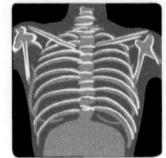

radiyogarafi

la radiographie

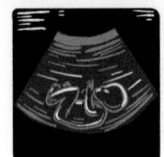

ekogarafi

l'échographie

masike

le masque

indwara

la maladie

aho kurindirira

la salle d'attente

icishimikizo

la béquille

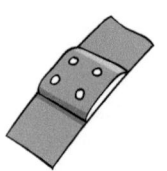

gufuka igikomere

le pansement

gufuka igikomere

le pansement

gutera urushinge

l'injection

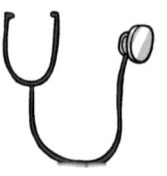

icuma cumviriza amahaha
n'umutima

le stéthoscope

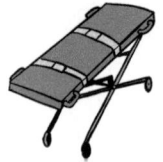

ingovyi

le brancard

igipima umuriro w' umubiri

le thermomètre

kuvuka

l'accouchement

umuvyibuho urengeje

la surcharge pondérale

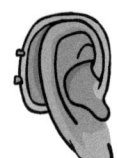

igifasha umuntu kumva neza
....
l'appareil auditif

imiti y' ibikomere
....
le désinfectant

kwandura
....
l'infection

umugera
....
le virus

umugera wa sida
....
le VIH / le sida

ubuvuzi
....
le médicament

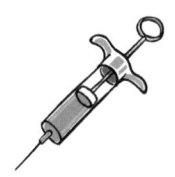

guhabwa urucanco
....
la vaccination

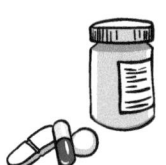

ibinini
....
les comprimés

ikinini mbonezamvyaro
....
la pilule

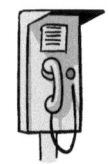

telefone itabaza
....
l'appel d'urgence

igipima umuvuduko w' amaraso
....
le tensiomètre

arwaye / akomeye
....
malade / sain

muntabare!

Au secours !

ikengere

l'alarme

igitero

l'assaut

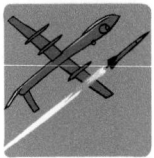

igitero

l'attaque

ibihe bikomeye

le danger

icanzo

la sortie de secours

umuriro!

Au feu!

ikizimyamwoto

l'extincteur

isanganya

l'accident

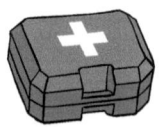

isanduku y' ubutabazi

la trousse de premier
secours

ubutabazi

SOS

igipolisi

la police

Buraya

l'Europe

Uburaruko bw' amerika

l'Amérique du Nord

Ubumanuko bw' amerika

l'Amérique du Sud

Afurika

l'Afrique

Aziya

l'Asie

Ositarariya

l'Australie

ibahari y' Antalantika

l'Océan atlantique

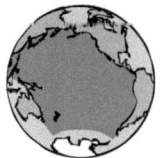

ibahari ya Pasifika

l'Océan pacifique

ibahari y' Ubuhinde

l'Océan indien

ibahari y' Antaragitika

l'Océan antarctique

ibahari y' Aragitika

l'Océan arctique

Uburaruko bw' umubumbe
w' isi

le Pôle nord

Ubumanuko bw' umubumbe
w' isi

le Pôle sud

antaragitika

l'Antarctique

isi

la terre

isi

le pays

ibahari

la mer

izinga

l'île

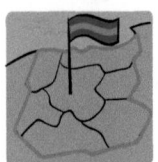

igihugu

la nation

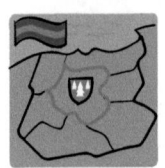

reta

l'état

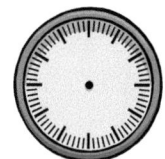

aho barabira isaha

le cadran

urushinge rw' amasaha

l'aiguille des heures

urushinge rw' iminota

l'aiguille des minutes

rushinge rw' amasegonda

l'aiguille des secondes

ni gihe ki?

Quelle heure est-il ?

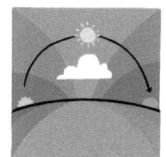

umunsi

le jour

igihe

le temps

ubu nyene

maintenant

isaha ya electronique

la montre digitale

umunota

la minute

isaha

l'heure

indwi

la semaine

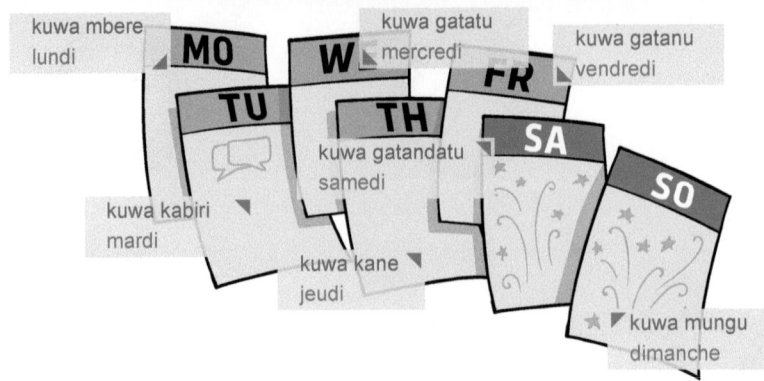

kuwa mbere
lundi

kuwa gatatu
mercredi

kuwa gatanu
vendredi

kuwa kabiri
mardi

kuwa gatandatu
samedi

kuwa kane
jeudi

kuwa mungu
dimanche

ejo haheze

hier

ubunyene

aujourd'hui

ejo hazoza

demain

mu gatondo

le matin

sasita

le midi

ku mugoroba

le soir

iminsi y' ibikorwa

les jours ouvrables

weekende

le week-end

umwaka

l'année

imvura
la pluie
umunywamazi
l'arc-en-ciel
urubura
la neige
umuyaga
le vent
igihe c' umwaka bita printemps
le printemps
igihe c' umwaka bita Automne
l'automne
ici
l'été
igihe c' umwaka bita hiver
l'hiver

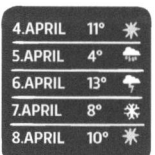

4.APRIL 11°
5.APRIL 4°
6.APRIL 13°
7.APRIL 8°
8.APRIL 10°

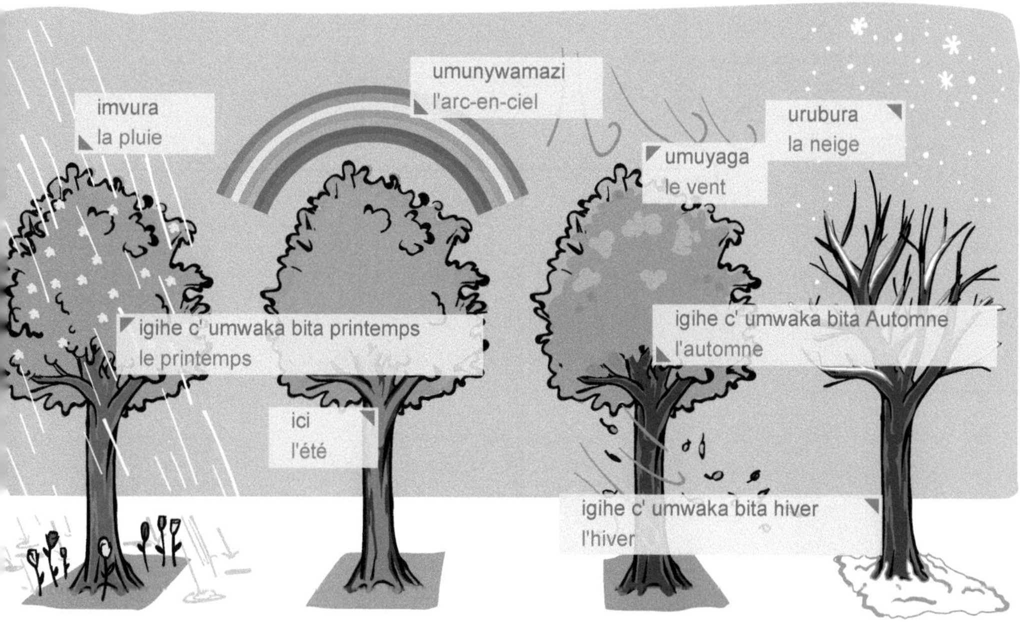

ikirangabihe

la météo

F C
120 40
90 30
60 20
30 10
0 0
-30 -10
-20

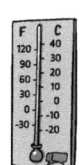

igipima ubushuhe bw' umubiri

le thermomètre

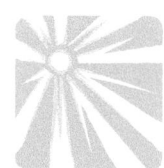

ubuseruko bw' izuba

la lumière du soleil

igicu

le nuage

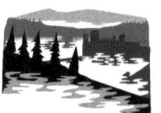

igipfungu

le brouillard

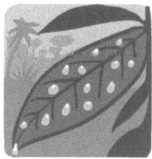

ifira

l'humidité

umuravyo

la foudre

inkuba

la tonnerre

igihuhusi

la tempête

urubura

la grêle

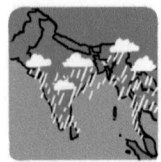

igihuhusi bita mousson

la mousson

umwuzure

l'inondation

ibarafu

la glace

nzero

janvier

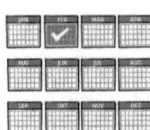

ruhuhuma

février

ntwarante

mars

ndamukiza

avril

rusama

mai

ruhenshi

juin

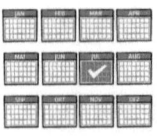

mukakaro

juillet

myandagaro

août

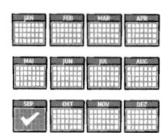

nyakanga
septembre

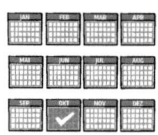

gitugutu
octobre

munyonyo
novembre

migarama
décembre

forume geometrike
les formes

umuzingi
le cercle

ikwadarato
le carré

urikiramende
le rectangle

inyabutatu
le triangle

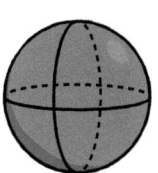

umubumbe
la sphère

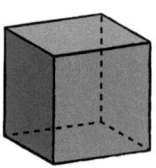

agasandugu
le cube

amabara

les couleurs

ibara ryera

blanc

ibara ry' umuhondo

jaune

ibara risa n' umucungwe

orange

ibara rya rose

rose

ibara ritukura

rouge

ibara rya mauve

violet

ibara ry' ubururu

bleu

ibara ry'icatsi kibisi

vert

ibara ry' igihogo

marron

ibara rya gris

gris

ibara ryirabura

noir

vyinshi / bikeyi

beaucoup / peu

washavuye / utekereje

fâché / calme

mwiza / mubi

joli / laid

intanguriro / iherezo

le début / la fin

kinini / gitoyi

grand / petit

gikeye / cijimye

clair / obscure

usaza w' umuntu / mushiki w' umuntu

frère / soeur

gisukuye / gicafuye

propre / sale

gikwiye / gicagatiye

complet / incomplet

umunsi / ijoro

le jour / la nuit

wapfuye / ariho

mort / vivant

cagutse / caga

large / étroit

kiryoshe / kibishe

comestible / incomestible

umutima mubi / umutima
mwiza

méchant / gentil

anezerewe / arambiwe

excité / ennuyé

kivyibushe / conze

gros / mince

cambere / canyuma

le premier / le dernier

umugenzi / umwansi

l'ami / l'ennemi

cuzuye / kiri gusa

plein / vide

kigumye / coroshe

dur / souple

kiremereye / gihwahutse

lourd / léger

inzara / inyota

faim / soif

arwaye / akomeye

malade / sain

cemewe n'amategeko /
kitemewe n'amategeko

illégal / légal

incabwenge / ikijuju

intelligent / stupide

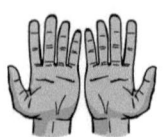

ibubamfu / iburyo

gauche / droite

hafi / kure

proche / loin

gishasha / gishaje

nouveau / usé

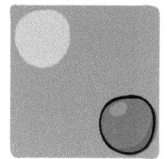

ntaco / kiriho

rien / quelque chose

umutama / urwaruka

vieux / jeune

kwatsa / kuzimya

marche / arrêt

kugurura / kugara

ouvert / fermé

gitekereje / gifise urwamo

faible / fort

umutunzi / umukene

riche / pauvre

nivyo / sivyo

correct / incorrect

kigoramye / kigororotse

rugueux / lisse

ashavuye / anezerewe

triste / heureux

kigufi / kirekire

court / long

kigenda bukebuke / kinyaruka

lent / rapide

gitose / cumye

mouillé / sec

gishushe buhoro / gikanye buhoro

chaud / froid

intambara / amahoro

la guerre / la paix

0

ubusa

zéro

1

rimwe

un / une

2

kabiri

deux

3

gatatu

trois

4

kane

quatre

5

gatanu

cinq

6

gatandatu

six

7

indwi

sept

8

umunani

huit

9

icenda

neuf

10

cumi

dix

11

cumi na rimwe

onze

12

cumi na kabiri
....
douze

13

cumi na gatatu
....
treize

14

cumi na kane
....
quatorze

15

cumi na gatanu
....
quinze

16

cumi na gatandatu
....
seize

17

cumi n' indwi
....
dix-sept

18

cumi n' umunani
....
dix-huit

19

cumi n' icenda
....
dix-neuf

20

mirongo ibiri
....
vingt

100

ijana
....
cent

1.000

igihumbi
....
mille

1.000.000

umuriyoni
....
le million

Icongereza

l'anglais

Icongereza co muri Amerika

l'anglais américain

Mandare kivugwa mu bushinwa

le chinois mandarin

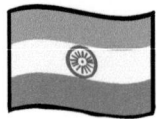

Igihinde

le hindi

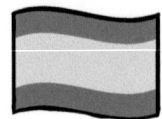

Ikispaniya

l'espagnol

Igifaransa

le français

Icarabu

l'arabe

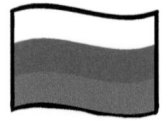

Ikirusiya

le russe

Igiporitigare

le portugais

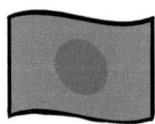

Ikibengare

le bengali

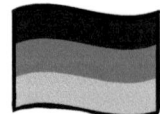

Ikidage

l'allemand

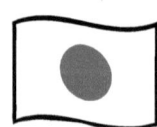

Ikiyapani

le japonais

jewe

je

wewe

tu

we / we / co

il / elle / ce, c', cela

twebwe

nous

mwebwe

vous

bo

ils / elles

inde?

Qui ?

iki?

Quoi ?

gute?

Comment ?

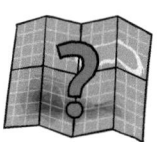

hehe?

Où ?

ryari?

Quand ?

izina

le nom

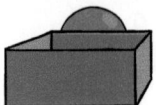

inyuma ya

derrière

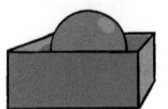

indani ya

dans

imbere ya

devant

hejuru ya

au-dessus

ku

sur

munsi ya

en-dessous

mu mbavu ya

à côté de

hagati ya

entre

ikibanza

le lieu